그래서 이런 말이 생겼대요

# 속담 관용어 따라쓰기 100

길벗스쿨

## 왜 속담과 관용어를 배워야 할까요?

속담과 관용어는 오랜 세월 동안 사람들의 삶 속에서 자연스럽게 만들어진 표현이에요. 우리 일상에서 자주 쓰이는 이 말들 속에는 옛사람들의 생활과 지혜가 고스란히 담겨 있지요. 이 표현들을 잘 알면 자신의 생각이나 감정을 간단하지만 또렷하고 생생하게 전달할 수 있어요.

## 짧지만 강한 표현의 힘

속담에는 옛사람들이 오랜 경험을 통해 얻은 교훈이나 사회에 대한 비판, 풍자와 같은 메시지가 녹아 있어요. 그래서 삶의 지혜와 가르침을 전하고 싶을 때 자주 쓰이지요. 예를 들어, 말하던 것이 실제로 이루어질 수 있으니 말을 조심하라는 뜻을 전할 때는 '말이 씨가 된다'라는 속담 한 마디로 명확하게 표현할 수 있어요. 또, 힘들었던 때를 잊고 성공한 뒤에 교만하게 행동하는 사람을 꾸짖을 때는 '개구리 올챙이 적 생각 못 한다'라는 속담을 사용할 수 있지요.

반면에 관용어는 문장을 더 풍부하고 재치 있게 만들어 주는 역할을 해요. 예를 들어, 어떤 사람이 겁이 없고 매우 대담한 성격이라는 것을 말하고 싶을 때 '간이 크다'라는 관용어를 쓰면 훨씬 인상적으로 들리지요. 또 같은 말을 너무 많이 들어서 지겨울 때는 '귀에 딱지가 앉다'라는 관용어가 그 상황을 생생하게 표현해 줘요.

이처럼 속담과 관용어는 짧은 문장으로 깊은 의미를 전달할 수 있고, 우리 일상 대화를 더욱 풍성하게 만들어 주는 유용한 표현이랍니다.

## 손으로 써 봐야 진짜 내 것이 돼요

하지만 속담과 관용어를 완전히 내 것으로 만들려면 읽기만으로는 부족해요. 손으로 직접 써 보며 익히는 과정이 꼭 필요하답니다. 따라 쓰다 보면 단어의 뜻과 쓰임을 더 깊이 이해할 수 있고, 오랫동안 기억할 수 있어요.

그래서 이번에 「그래서 이런 말이 생겼대요」 시리즈 가운데 많은 사랑을 받은 『그래서 이런 속담이 생겼대요』와 『그래서 이런 관용어가 생겼대요』를 따라 쓰기 버전으로 새롭게 엮었어요.

재미있는 만화를 읽고 한 글자씩 차근차근 따라 쓰다 보면, 100가지 속담과 관용어가 저절로 머릿속에 쏙 들어올 거예요. 이 책을 통해 여러분의 어휘력과 문해력을 키우고, 말의 깊이를 더해 보세요.

# 이 책의 활용 방법

**1** 먼저 속담과 관용어를 눈으로 읽어요.

**2** 만화를 읽으며 각 어휘가 일상생활에서 어떻게 쓰이는지 알아보세요.

03 가는 날이 장날
뜻 어떤 일을 하려고 하는데 뜻하지 않은 일이 생긴 상황.
만화 읽고 속담 배우기
엄마, 도서관 다녀올게요~
어머, 재가 웬일로?!
공부하다 힘들면 간식 사 먹으렴.
고맙습니다.
도서관 휴관일
어휴, 가는 날이 장날이라더니.
이왕 이렇게 됐으니 게임이나 하다 가자!
킥킥
속담 읽고 따라 쓰기 소리 내어 읽으며 예쁘게 따라 쓰세요.
가는 날이 장날
뜻 채우고 따라 쓰기 소리 내어 읽으며 또박또박 따라 쓰세요.
어떤 일을 하려고 하는 데 일이 생긴 상황.
12

**3** 속담과 관용어를 소리 내어 읽으며 예쁘게 따라 써 보세요.

**4** 상단에 있는 뜻풀이를 보며 빈칸에 들어갈 알맞은 단어를 찾아보세요. 완성된 뜻풀이를 소리 내어 읽으며 또박또박 따라 써 보세요.

**5** 장이 끝날 때마다 나오는 퀴즈를 풀며 배운 어휘를 복습해요.

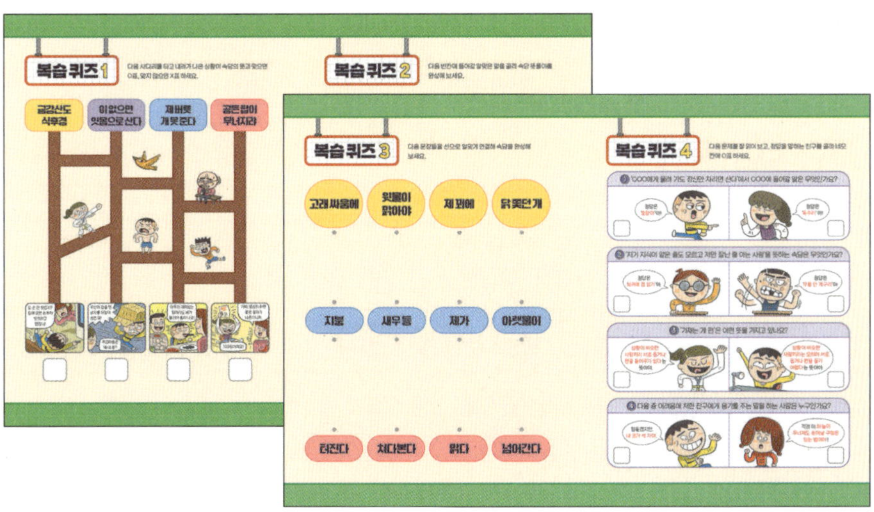

복습 퀴즈 1
복습 퀴즈 2
복습 퀴즈 3
복습 퀴즈 4

# 차례

## 1장 속담 따라 쓰기

| | | | | |
|---|---|---|---|---|
| 26 | 지렁이도 밟으면 꿈틀한다 | 35 | 월 | 일 |
| 27 | 낮말은 새가 듣고 밤말은 쥐가 듣는다 | 36 | 월 | 일 |
| 28 | 호랑이에게 물려 가도 정신만 차리면 산다 | 37 | 월 | 일 |
| 29 | 산 입에 거미줄 치랴 | 38 | 월 | 일 |
| 30 | 호랑이는 죽어서 가죽을 남기고 사람은 죽어서 이름을 남긴다 | 39 | 월 | 일 |
| 31 | 까마귀 날자 배 떨어진다 | 40 | 월 | 일 |
| 32 | 어물전 망신은 꼴뚜기가 시킨다 | 41 | 월 | 일 |

## 사람의 심리가 담긴 속담

| | | | | |
|---|---|---|---|---|
| 33 | 가는 말이 고와야 오는 말이 곱다 | 42 | 월 | 일 |
| 34 | 바늘 도둑이 소도둑 된다 | 43 | 월 | 일 |
| 35 | 간에 붙었다 쓸개에 붙었다 한다 | 44 | 월 | 일 |
| 36 | 꿈보다 해몽이 좋다 | 45 | 월 | 일 |
| 37 | 이 없으면 잇몸으로 산다 | 46 | 월 | 일 |
| 38 | 내 코가 석 자 | 47 | 월 | 일 |
| 39 | 남의 밥그릇이 더 커 보인다 | 48 | 월 | 일 |
| 40 | 저 먹자니 싫고 남 주자니 아깝다 | 49 | 월 | 일 |
| 41 | 똥 누러 갈 적 다르고 올 적 다르다 | 50 | 월 | 일 |
| 42 | 금강산도 식후경 | 51 | 월 | 일 |
| 43 | 웃는 낯에 침 못 뱉는다 | 52 | 월 | 일 |
| 44 | 미운 놈 떡 하나 더 준다 | 53 | 월 | 일 |
| 45 | 제 꾀에 제가 넘어간다 | 54 | 월 | 일 |
| 46 | 제 버릇 개 못 준다 | 55 | 월 | 일 |
| 47 | 바다는 메워도 사람 욕심은 못 채운다 | 56 | 월 | 일 |
| 48 | 잘되면 제 탓 안되면 조상 탓 | 57 | 월 | 일 |
| 49 | 남의 제사에 감 놔라 배 놔라 한다 | 58 | 월 | 일 |
| 50 | 평안 감사도 저 싫으면 그만이다 | 59 | 월 | 일 |

## 2장 관용어 따라 쓰기

## 음식과 물건에 빗댄 관용어

## 자연에 빗댄 관용어

**일러두기**

- 이 책의 만화는 『그래서 이런 속담이 생겼대요』의 만화를 그대로 사용했어요.
- 속담의 뜻은 국립국어원 『표준국어대사전』과 「우리말샘」을 주로 참고해 풀이했어요.
- 한 속담에도 상황에 따라 여러 가지 뉘앙스가 있을 수 있지만, 이 책에는 가장 대표적인 뜻풀이를 실었어요.
- 속담을 더 자세히 알고 싶다면 『그래서 이런 속담이 생겼대요』를 읽어 보세요.

# 1장

# 속담 따라 쓰기

# 01 소 잃고 외양간 고친다

**뜻** 일이 잘못된 뒤에는 손을 써도 소용이 없다.

**만화 읽고 속담 배우기**

낮에 비 온다고 했으니까
창문 미리 닫아 놔라. 비 들이친다.
예….
쏴아
잠깐 화장실
갔다 와야지.
게임에 정신 팔려 있더니…
소 잃고 외양간 고치면 뭐 해?

**속담 읽고 따라 쓰기** 소리 내어 읽으며 예쁘게 따라 쓰세요.

소 잃고 외양간 고친다

**뜻 채우고 따라 쓰기** 소리 내어 읽으며 또박또박 따라 쓰세요.

일이 ______ 뒤에는 손을 써도 ____이 없다.

# 02 아니 땐 굴뚝에 연기 나랴

뜻 원인이 없으면 결과도 있을 수 없다.

만화 읽고 속담 배우기

이게 무슨 냄새야~
오빠, 방귀 뀌었지?
야!
아니거든? 절대 아니거든?
아니 땐 굴뚝에 연기 나겠느냐고~
뭘 먹은 거야?
냄새 지독해!
억울해! 나 아니라고!!
범인은 나지롱~

**속담 읽고 따라 쓰기** 소리 내어 읽으며 예쁘게 따라 쓰세요.

아니 땐 굴뚝에 연기 나라

**뜻 채우고 따라 쓰기** 소리 내어 읽으며 또박또박 따라 쓰세요.

☐☐이 없으면 ☐☐도 있을 수 없다.

# 03 가는 날이 장날

뜻 어떤 일을 하려고 하는데 뜻하지 않은 일이 생긴 상황.

만화 읽고 속담 배우기

엄마, 도서관 다녀올게요~
어머, 쟤가 웬일로?!
공부하다 힘들면 간식 사 먹으렴.
고맙습니다.
5000
도서관 휴관일
어휴, 가는 날이 장날이라더니.
이왕 이렇게 됐으니 게임이나 하다 가자!
킥킥

**속담 읽고 따라 쓰기** 소리 내어 읽으며 예쁘게 따라 쓰세요.

가는 날이 장날

**뜻 채우고 따라 쓰기** 소리 내어 읽으며 또박또박 따라 쓰세요.

어떤 일을 하려고 하는데 ______ ____ 일이 생긴 상황.

# 04 되로 주고 말로 받는다

**뜻** 남을 골탕 먹이려다가 자기가 더 크게 당하다.

**만화 읽고 속담 배우기**

가위바위보 이기는 사람이 가방 골라 들기 할래?
얘 가방 작고 가벼워 보이네.
가위 바위 보~
이겼다!
가방에 돌이 들었나, 왜 이렇게 무거워?
되로 주고 말로 받았네….
오늘 교과서 다 가져왔는데 잘됐다. 큭큭~

**속담 읽고 따라 쓰기** 소리 내어 읽으며 예쁘게 따라 쓰세요.

되로 주고 말로 받는다

**뜻 채우고 따라 쓰기** 소리 내어 읽으며 또박또박 따라 쓰세요.

남을 (　　) 먹이려다가 자기가 더 크게 (　　).

# 05 같은 값이면 다홍치마

뜻 값이 비슷하다면 좀 더 좋은 것을 선택한다.

**만화 읽고 속담 배우기**

흠… 어떤 빵을 살까?
같은 값이면 다홍치마라고, 제일 큰 빵으로 하자!
어이구
서점에도 들렀다 가자.
서점
만화책 사야지, 흐흐.
같은 값이면 다홍치마니까 제일 두꺼운 책으로 사렴~
으악
ㅠㅠ

**속담 읽고 따라 쓰기** 소리 내어 읽으며 예쁘게 따라 쓰세요.

같은 값이면 다홍치마

**뜻 채우고 따라 쓰기** 소리 내어 읽으며 또박또박 따라 쓰세요.

값이 ☐☐ 하다면 좀 더
☐☐ 것을 선택한다.

# 06 낫 놓고 기역 자도 모른다

**뜻** 글자를 전혀 모르는 사람이나 아주 무식한 사람.

**만화 읽고 속담 배우기**

얘두라, 하아이!
얼마 전에 혜라 호주 갔다 왔대.
우아, 좋았겠다!
오스트레일리아는 어땠어?
난 호주 갔다 왔다니까! 너 호주 모르니, 호주?
오스트레일리아가 호주잖아.
낫 놓고 기역 자도 모른다더니….

**속담 읽고 따라 쓰기** 소리 내어 읽으며 예쁘게 따라 쓰세요.

낫 놓고 기역 자도 모른다

**뜻 채우고 따라 쓰기** 소리 내어 읽으며 또박또박 따라 쓰세요.

(　　)를 전혀 모르는 사람이나 아주 (　　　) 사람.

# 07 등잔 밑이 어둡다

**뜻** 먼 곳의 일보다 눈앞에 있는 일을 더 잘 모른다.

**만화 읽고 속담 배우기**

아휴, 그걸 어디다 뒀지?
엄마, 뭐 찾아요?
엄마 휴대폰이 어디 있는지 모르겠네.
엄마 손에 있잖아요!
에그머니나!
등잔 밑이 어둡다더니!

**속담 읽고 따라 쓰기** 소리 내어 읽으며 예쁘게 따라 쓰세요.

등 잔 밑 이 어 둡 다

**뜻 채우고 따라 쓰기** 소리 내어 읽으며 또박또박 따라 쓰세요.

□ 곳의 일보다 □□에 있는 일을 더 잘 모른다.

# 08 떡 줄 사람은 생각도 않는데 김칫국부터 마신다

**뜻** 해 줄 사람은 생각지도 않는데 미리부터 섣부르게 행동하다.

만화 읽고 속담 배우기

아빠, 이번 어린이날에 무슨 선물을 사 줄지 고민되시죠?
?
짜잔!
어린이날 선물 목록이에요.
떡 줄 사람은 생각도 않는데 김칫국부터 마시네. 크크.
아빠도 준비했다! 어버이날 선물 목록!
떡 줄 사람은 생각도 안 하는데….
쫘아악

**속담 읽고 따라 쓰기** 소리 내어 읽으며 예쁘게 따라 쓰세요.

| 떡 |  | 줄 |  | 사 | 람 | 은 |  | 생 | 각 | 도 |  |
|---|---|---|---|---|---|---|---|---|---|---|---|
| 않 | 는 | 데 |  | 김 | 칫 | 국 | 부 | 터 |  | 마 | 신 |
| 다 |  |  |  |  |  |  |  |  |  |  |  |

**뜻 채우고 따라 쓰기** 소리 내어 읽으며 또박또박 따라 쓰세요.

| 해 |  | 줄 |  | 사 | 람 | 은 |  |  |  |  |  |
|---|---|---|---|---|---|---|---|---|---|---|---|
| 않 | 는 | 데 |  | 미 | 리 | 부 | 터 |  |  |  |  |
|  |  | 행 | 동 | 하 | 다 | . |  |  |  |  |  |

# 09 개똥도 약에 쓰려면 없다

뜻 평소에 흔하던 것도 막상 요긴하게 쓰려고 구하면 없다.

만화 읽고 속담 배우기

어제
에잇
다 먹었다.
내일 물로켓을 만들어야 하니 페트병 하나씩 갖고 오세요.
헉!
엄마, 혹시 페트병 못 봤어요?
그건 어제 갖다 버렸지.
개똥도 약에 쓰려면 없다더니….
휴-

**속담 읽고 따라 쓰기** 소리 내어 읽으며 예쁘게 따라 쓰세요.

개똥도 약에 쓰려면 없다

**뜻 채우고 따라 쓰기** 소리 내어 읽으며 또박또박 따라 쓰세요.

평소에 [   ] 것도 막상 요긴하게 쓰려고 구하면 [  ].

# 10 콩으로 메주를 쑨다 해도 곧이듣지 않는다

**뜻** 아무리 사실대로 말해도 믿지 않는다.

**만화 읽고 속담 배우기**

숙제 좀 보여 줘. 다음엔 내가 꼭 해 올게.
그래.
다른 날
숙제 좀 보여 줘. 이번이 진짜 마지막이야.
다음엔 진짜 안 보여 줄 거야!
또 다른 날
나 숙제 좀….
야
너 이게 벌써 몇 번째야? 이제 네가 콩으로 메주를 쑨대도 곧이듣지 않을 거야!
흑

**속담 읽고 따라 쓰기** 소리 내어 읽으며 예쁘게 따라 쓰세요.

콩으로 메주를 쑨다 해도 곧이듣지 않는다

**뜻 채우고 따라 쓰기** 소리 내어 읽으며 또박또박 따라 쓰세요.

아무리 ☐☐☐☐ 말해도 믿지 않는다.

# 11 될성부른 나무는 떡잎부터 알아본다

**뜻** 잘될 사람은 어려서부터 자질이 다르고 장래성이 엿보인다.

**만화 읽고 속담 배우기**

누가 엄마 짐 좀 들어 줄래?
안녕하세요. 제가 좀 들어 드릴까요?
어머, 보라야!
어쩜 이렇게 예의 바르고 마음이 예쁠까!
될성부른 나무는 떡잎부터 알아본다는데, 동생 좀 보고 배워라!

**속담 읽고 따라 쓰기** 소리 내어 읽으며 예쁘게 따라 쓰세요.

될성부른 나무는 떡잎부터 알아본다

**뜻 채우고 따라 쓰기** 소리 내어 읽으며 또박또박 따라 쓰세요.

잘될 사람은 ☐☐☐부터 자질이 다르고 ☐☐☐이 엿보인다.

# 12 구관이 명관이다

**뜻** 나중 사람을 겪어 봄으로써 먼저 사람이 좋은 줄 알게 되다.

**만화 읽고 속담 배우기**

1학기
얘들아! 얼른 숙제 내야지!
우리 반 회장은 너무 답답해.
2학기 회장은 다른 애로 뽑아야겠어!
2학기
너희 내 말 안 들으면 선생님한테 다 일러바친다!
구관이 명관이라더니….
차라리 1학기 회장이 더 낫잖아!

**속담 읽고 따라 쓰기** 소리 내어 읽으며 예쁘게 따라 쓰세요.

구관이 명관이다

**뜻 채우고 따라 쓰기** 소리 내어 읽으며 또박또박 따라 쓰세요.

사람을 겪어 봄으로써 사람이 좋은 줄 알게 되다.

# 13 부뚜막의 소금도 집어넣어야 짜다

**뜻** 아무리 쉬운 일이라도 실제로 행동하지 않으면 소용없다.

**만화 읽고 속담 배우기**

서점
엄마, 저 책 좀 사 주세요.
얘가 웬일이래?! 그래그래~
엄마, 책 한 권만 더 사 주세요.
저번에 산 책은 다 읽었니?
에이, 제목만 봐도 내용은 대충 다 안다고요~ 다 읽은 거나 마찬가지예요.
부뚜막의 소금도 집어넣어야 짜다고, 책을 읽어야 네 것이 되지!

**속담 읽고 따라 쓰기** 소리 내어 읽으며 예쁘게 따라 쓰세요.

부뚜막의 소금도 집어넣어야 짜다

**뜻 채우고 따라 쓰기** 소리 내어 읽으며 또박또박 따라 쓰세요.

아무리 ☐☐ 일이라도 ☐☐☐ 행동하지 않으면 소용없다.

# 14 구더기 무서워 장 못 담글까

**뜻** 다소 방해되는 것이 있더라도 해야 할 일은 반드시 해야 한다.

**만화 읽고 속담 배우기**

엄마, 딱 이것만 사 줘요….
안 돼. 다들 그거 없이도 공부 잘만 해.
그럼 나 오늘부터 밥 안 먹을 거예요!
먹지 마라. 구더기 무서워 장 못 담글까 봐?
1시간 뒤
괜히 쓸데없는 말을 해서 나만 고생이네.
꼬르륵

**속담 읽고 따라 쓰기** 소리 내어 읽으며 예쁘게 따라 쓰세요.

구더기 무서워 장 못 담글까

**뜻 채우고 따라 쓰기** 소리 내어 읽으며 또박또박 따라 쓰세요.

다소 (   )되는 것이 있더라도 해야 할 일은 (   ) 해야 한다.

# 15 무쇠도 갈면 바늘 된다

**뜻** 어떤 어려운 일이라도 꾸준히 노력하면 이룰 수 있다.

**만화 읽고 속담 배우기**

우식아, 재동이 형이 피아노 콩쿠르에서 일등 했대.
재동이 형은 손가락 짧아서 잘 못 쳤잖아요.
무쇠도 갈면 바늘 된다고, 재동이가 그동안 얼마나 노력했겠니? 그러니까 너도…
잔소리
바늘은 무슨! 몽둥이도 못 만들겠네~

**속담 읽고 따라 쓰기** 소리 내어 읽으며 예쁘게 따라 쓰세요.

무 쇠 도 　 갈 면 　 바 늘 　 된 다

**뜻 채우고 따라 쓰기** 소리 내어 읽으며 또박또박 따라 쓰세요.

어 떤 [　　　] 일 이 라 도
꾸 준 히 　 노 력 하 면 　 [　　]
수 　 있 다 .

# 16 가재는 게 편

뜻 상황이 비슷한 사람끼리 서로 돕거나 편을 들어주기 쉽다.

만화 읽고 속담 배우기

으앗!
앗, 숙제 깜빡했다!
엄마가 숙제는 미리미리 하라고 했지?
엄마, 희수한테 너무 그러지 마세요. 희수가 피곤해서 그럴 수도 있어요.
사실 나도 아직 안 했지~
가재는 게 편이라더니, 이래서 동생 편을 들었구먼!

**속담 읽고 따라 쓰기** 소리 내어 읽으며 예쁘게 따라 쓰세요.

가 재 는 　 게 　 편

**뜻 채우고 따라 쓰기** 소리 내어 읽으며 또박또박 따라 쓰세요.

상 황 이 　 ☐☐☐ 　 사 람 끼 리
서 로 　 ☐☐☐ 　 편 을 　 들 어
주 기 　 쉽 다 .

# 17 고래 싸움에 새우 등 터진다

**뜻** 강한 사람들 싸움에 아무 상관없는 약한 사람이 피해를 보다.

**만화 읽고 속담 배우기**

야!
야, 우리가 먼저 왔어.
이 운동장이 너희 거야?
정말 이렇게 나올 거야?
뻥
뭐야, 고래 싸움에 새우 등 터진 꼴이잖아.
철퍼덕~

**속담 읽고 따라 쓰기** 소리 내어 읽으며 예쁘게 따라 쓰세요.

| 고 | 래 |  | 싸 | 움 | 에 |  | 새 | 우 |  | 등 |  |
|---|---|---|---|---|---|---|---|---|---|---|---|
| 터 | 진 | 다 |  |  |  |  |  |  |  |  |  |

**뜻 채우고 따라 쓰기** 소리 내어 읽으며 또박또박 따라 쓰세요.

|  |  |  | 사 | 람 | 들 |  | 싸 | 움 | 에 |  | 아 |
|---|---|---|---|---|---|---|---|---|---|---|---|
| 무 |  | 상 | 관 | 없 | 는 |  |  |  |  | 사 | 람 |
| 이 |  | 피 | 해 | 를 |  | 보 | 다 | . |  |  |  |

# 18 꿩 먹고 알 먹고

**뜻** 한 가지 일을 했는데, 두 가지 이상의 이익을 볼 때 쓰는 말.

**만화 읽고 속담 배우기**

앗!
또르르
왜 안 나오지?
앗싸
오, 예!
꿩 먹고 알 먹고!
야!
이거
내 돈이야.
오빠,
고마워!

**속담 읽고 따라 쓰기** 소리 내어 읽으며 예쁘게 따라 쓰세요.

꿩 먹고 알 먹고

**뜻 채우고 따라 쓰기** 소리 내어 읽으며 또박또박 따라 쓰세요.

☐ ☐☐ 일을 했는데, ☐ ☐☐ 이상의 이익을 볼 때 쓰는 말.

# 19 개구리 올챙이 적 생각 못 한다

**뜻** 성공한 사람이 어렵던 때를 생각지 않고 처음부터 잘난 듯이 뽐내다.

**만화 읽고 속담 배우기**

육칠 사십…
아얏!
딱
어이구, 아직 구구단도 못 외우면 어떡해?
어휴, 개구리 올챙이 적 생각 못 한다더니….
딱
아얏!
넌 희수 나이 때 2단도 못 외웠어!
ㅋㅋㅋ

**속담 읽고 따라 쓰기** 소리 내어 읽으며 예쁘게 따라 쓰세요.

개구리 올챙이 적 생각 못 한다

**뜻 채우고 따라 쓰기** 소리 내어 읽으며 또박또박 따라 쓰세요.

(　　　) 사람이 어렵던 때를 생각지 않고 처음부터 (　　) 듯이 뽐내다.

# 20 쇠귀에 경 읽기

**뜻** 아무리 가르쳐 주어도 알아듣지 못하는 경우를 이르는 말.

**만화 읽고 속담 배우기**

게임을 너무 많이 하면 뇌가 둔해진대.
그러니 잠깐 쉴 때만 해. 알았지?
예!
공부하고 있나?
어유, 쇠귀에 경 읽기지….
넙죽넙죽 대답만 했군!

**속담 읽고 따라 쓰기** 소리 내어 읽으며 예쁘게 따라 쓰세요.

쇠 귀 에 경 읽 기

**뜻 채우고 따라 쓰기** 소리 내어 읽으며 또박또박 따라 쓰세요.

아 무 리 ☐☐☐ 주 어 도
알 아 듣 지 ☐☐☐ 경 우 를
이 르 는 말.

# 21 우물 안 개구리

**뜻** 자기 지식이 얕은 줄도 모르고 저만 잘난 줄 아는 사람.

**만화 읽고 속담 배우기**

얍! 얍!
우리 동네에서 내가
태권도 제일 잘할걸?
진짜~?
우와
당연히 내가
전국 1등이지!
전국 태권도 대
와! 와!
1회전 탈락!
털썩
아이고,
내가 우물 안
개구리였다니….

**속담 읽고 따라 쓰기** 소리 내어 읽으며 예쁘게 따라 쓰세요.

우물 안 개구리

**뜻 채우고 따라 쓰기** 소리 내어 읽으며 또박또박 따라 쓰세요.

자기 지식이 (  ) 줄도
모르고 (  ) 잘난 줄
아는 사람.

# 22 고슴도치도 제 새끼는 함함하다고 한다

**뜻** 부모 눈에는 자기 자식이 가장 잘나고 예뻐 보인다.

**만화 읽고 속담 배우기**

어쩜 저렇게 예쁠까?
우리 애가 제일 멋지네!
아이고, 우리 애들은 먹는 모습까지 예뻐!
고슴도치도 제 새끼는 함함하다고 한다더니….

**속담 읽고 따라 쓰기** 소리 내어 읽으며 예쁘게 따라 쓰세요.

고슴도치도 제 새끼는
함함하다고 한다

**뜻 채우고 따라 쓰기** 소리 내어 읽으며 또박또박 따라 쓰세요.

☐☐ 눈에는 자기 ☐☐
이 가장 잘나고 예뻐
보인다.

# 23 뱁새가 황새 따라가면 가랑이 찢어진다

**뜻** 힘에 겨운 일을 억지로 하면 도리어 화를 당한다.

**만화 읽고 속담 배우기**

그래, 나도 저렇게 될 수 있어!
하나, 둘…
백만 스물하나, 백만 스물둘….
뱁새가 황새 따라가다 가랑이 찢어지지!

**속담 읽고 따라 쓰기** 소리 내어 읽으며 예쁘게 따라 쓰세요.

뱁새가 황새 따라가면
가랑이 찢어진다

**뜻 채우고 따라 쓰기** 소리 내어 읽으며 또박또박 따라 쓰세요.

힘에 겨운 일을 ☐☐☐
하면 도리어 ☐☐ 당한
다.

# 24 굼벵이도 구르는 재주가 있다

**뜻** 아무리 보잘것없어 보이는 사람도 재주 하나는 있기 마련이다.

**만화 읽고 속담 배우기**

선수는 빼자. 이름만 선수지 운동은 못해.
으악! 대신 뛸 사람이 없는데.
선수야, 네가 나가라.
와!
와!
굼벵이도 구르는 재주가 있다더니, 선수가 피구를 이렇게 잘할 줄이야….

**속담 읽고 따라 쓰기** 소리 내어 읽으며 예쁘게 따라 쓰세요.

굼벵이도 구르는 재주가 있다

**뜻 채우고 따라 쓰기** 소리 내어 읽으며 또박또박 따라 쓰세요.

아무리 ( ) 보이는 사람도 ( ) 하나는 있기 마련이다.

# 25 닭 쫓던 개 지붕 쳐다본다

**뜻** 애써 하던 일이 실패로 돌아가 맥이 빠진 모양을 이르는 말.

**만화 읽고 속담 배우기**

아름아. 난 네가 참 좋아.
편지를 어떻게 전해 주지?
오늘은 꼭 말할 거야!
우식아!
아름이 자리
나 오늘부터 아름이랑 사귀기로 했어!
이거 완전 닭 쫓던 개 지붕 쳐다보는 꼴이군.

**속담 읽고 따라 쓰기** 소리 내어 읽으며 예쁘게 따라 쓰세요.

닭 쫓던 개 지붕 쳐다본다

**뜻 채우고 따라 쓰기** 소리 내어 읽으며 또박또박 따라 쓰세요.

애써 하던 일이 ____로 돌아가 맥이 ____ 모양을 이르는 말.

# 26 지렁이도 밟으면 꿈틀한다

**뜻** 아무리 순한 사람이라도 너무 업신여기면 가만있지 않는다.

**만화 읽고 속담 배우기**

불쌍해! 괴롭히지 마!
두고 보자
다음 날
철퍼덕
윽!
뭐야!
후훗, 지렁이도 밟으면 꿈틀한다고!

**속담 읽고 따라 쓰기** 소리 내어 읽으며 예쁘게 따라 쓰세요.

지렁이도 밟으면 꿈틀한다

**뜻 채우고 따라 쓰기** 소리 내어 읽으며 또박또박 따라 쓰세요.

아무리 ☐☐ 사람이라도 너무 업신여기면 ☐☐있지 않는다.

# 27 낮말은 새가 듣고 밤말은 쥐가 듣는다

**뜻** 아무리 비밀스레 한 말이라도 반드시 남의 귀에 들어가게 된다.

**만화 읽고 속담 배우기**

비밀인데…
난 희정이 좋아해.
헉, 진짜?
!
이거 비밀인데,
우식이가 글쎄….
세상에, 우식이가
희정이한테
고백한대!
어머, 어머!
야! 말하면
어떡해!
낮말은 새가 듣고 밤말은
쥐가 듣는다잖아. 난 정말
아무 말도 안 했다고!

**속담 읽고 따라 쓰기** 소리 내어 읽으며 예쁘게 따라 쓰세요.

낮말은 새가 듣고 밤말은 쥐가 듣는다

**뜻 채우고 따라 쓰기** 소리 내어 읽으며 또박또박 따라 쓰세요.

아무리 ________ 한 말이라도 반드시 ____ 귀에 들어가게 된다.

# 28 호랑이에게 물려 가도 정신만 차리면 산다

**뜻** 어떤 곤란에 처해도 정신만 똑똑히 차리면 잘 해결할 수 있다.

**만화 읽고 속담 배우기**

오빠,
무서워….
괜찮아! 호랑이에게 물려 가도 정신만 차리면 산다고 했어.
저거 뭐야?
어디?
우아아아아아악
까아아아아아-
나무에 걸린 수건 가지고 저렇게 놀라냐?

**속담 읽고 따라 쓰기** 소리 내어 읽으며 예쁘게 따라 쓰세요.

| 호 | 랑 | 이 | 에 | 게 |  | 물 | 려 |  | 가 | 도 |  |
|---|---|---|---|---|---|---|---|---|---|---|---|
| 정 | 신 | 만 |  | 차 | 리 | 면 |  | 산 | 다 |  |  |
|  |  |  |  |  |  |  |  |  |  |  |  |
|  |  |  |  |  |  |  |  |  |  |  |  |

**뜻 채우고 따라 쓰기** 소리 내어 읽으며 또박또박 따라 쓰세요.

| 어 | 떤 |  | ☐ | ☐ | 에 |  | 처 | 해 | 도 |  | 정 |
|---|---|---|---|---|---|---|---|---|---|---|---|
| 신 | 만 |  | 똑 | 똑 | 히 |  | ☐ | ☐ | ☐ |  | 잘 |
| 해 | 결 | 할 |  | 수 |  | 있 | 다 | . |  |  |  |

# 29 산 입에 거미줄 치랴

**뜻** 아무리 가난해도 사람은 그럭저럭 먹고 살아가기 마련이다.

**만화 읽고 속담 배우기**

배고파…
꼬르륵
냉장고에도
먹을 게 없네.
이러다 굶어 죽으면 어떡하지? 아냐,
설마 산 입에 거미줄 치겠어….
겨우 두 시간
안 먹었을 뿐이잖아.
헤헤

**속담 읽고 따라 쓰기** 소리 내어 읽으며 예쁘게 따라 쓰세요.

산 입에 거미줄 치랴

**뜻 채우고 따라 쓰기** 소리 내어 읽으며 또박또박 따라 쓰세요.

아무리 [ ] 해도 사람은 그럭저럭 먹고 [ ] 가기 마련이다.

# 30 호랑이는 죽어서 가죽을 남기고 사람은 죽어서 이름을 남긴다

**뜻** 사람은 생전에 훌륭한 일을 하여 후세에 이름을 남겨야 한다.

**만화 읽고 속담 배우기**

엄마,
왜 울어요?
엄마가 좋아하는 배우가 병으로
죽었어…. 그런데 좋은 일을
남몰래 많이 했더라고.
쩝
쩝
호랑이는 죽어서 가죽을 남기고
사람은 죽어서 이름을 남긴댔어.
우리 우식이도 그렇게 멋진…
우리 아들은 언제나
먹은 흔적만 남기는구나.
히히

**속담 읽고 따라 쓰기** 소리 내어 읽으며 예쁘게 따라 쓰세요.

호랑이는 죽어서 가죽을
남기고 사람은 죽어서
이름을 남긴다

**뜻 채우고 따라 쓰기** 소리 내어 읽으며 또박또박 따라 쓰세요.

사람은 생전에
일을 하여 후세에
을 남겨야 한다.

# 31 까마귀 날자 배 떨어진다

**뜻** 아무 상관없는 일이 어쩌다 동시에 일어나 의심을 받을 때 쓰는 말.

**만화 읽고 속담 배우기**

어제도 온종일 게임만 했잖니! 오늘은 컴퓨터 접근 금지야!
아, 괴롭다…
겨울에 웬 모기?
너 그새를 못 참고 컴퓨터 켜려고 했지?
까마귀 날자 배 떨어진다더니… 아, 억울해!

**속담 읽고 따라 쓰기** 소리 내어 읽으며 예쁘게 따라 쓰세요.

까마귀 날자 배 떨어진다

**뜻 채우고 따라 쓰기** 소리 내어 읽으며 또박또박 따라 쓰세요.

아무 ☐☐없는 일이 어쩌다 동시에 일어나 ☐☐을 받을 때 쓰는 말.

# 32 어물전 망신은 꼴뚜기가 시킨다

**뜻** 못난 사람이 같이 있는 동료를 부끄럽게 하거나 망신시키다.

만화 읽고 속담 배우기

다른 학교 애들인가 봐.
우, 우식아….
커어엉
쿨쿨
어물전 망신은 꼴뚜기가 시킨다더니…. 아, 창피해.

**속담 읽고 따라 쓰기** 소리 내어 읽으며 예쁘게 따라 쓰세요.

| 어 | 물 | 전 | | 망 | 신 | 은 | | 꼴 | 뚜 | 기 | 가 |
|---|---|---|---|---|---|---|---|---|---|---|---|
| 시 | 킨 | 다 | | | | | | | | | |
| | | | | | | | | | | | |
| | | | | | | | | | | | |

**뜻 채우고 따라 쓰기** 소리 내어 읽으며 또박또박 따라 쓰세요.

| | | | 사 | 람 | 이 | | 같 | 이 | | 있 | 는 |
|---|---|---|---|---|---|---|---|---|---|---|---|
| | | 를 | | 부 | 끄 | 럽 | 게 | | 하 | 거 | 나 |
| 망 | 신 | 시 | 키 | 다 | . | | | | | | |

# 33 가는 말이 고와야 오는 말이 곱다

**뜻** 내가 먼저 남에게 좋게 행동해야, 남도 나에게 행동을 좋게 한다.

**만화 읽고 속담 배우기**

우식아, 미안하지만 물감 좀 같이 써도 될까?
그럼, 물론이지. 마음껏 써.
야!
할 일 없으면 거기 공이나 좀 이쪽으로 차라.
야, 이 숏다리야.
짧은 다리로 열심히 뛰어와서 네가 가져가라!
가는 말이 고와야 오는 말이 고운 거야.

**속담 읽고 따라 쓰기** 소리 내어 읽으며 예쁘게 따라 쓰세요.

가 는 말 이 고 와 야 오 는
말 이 곱 다

**뜻 채우고 따라 쓰기** 소리 내어 읽으며 또박또박 따라 쓰세요.

내 가 먼 저 ☐☐☐ 좋 게
행 동 해 야, 남 도 ☐☐☐
행 동 을 좋 게 한 다.

# 34 바늘 도둑이 소도둑 된다

뜻 사소한 나쁜 짓도 자꾸 하다 보면 큰 죄를 저지르게 된다.

만화 읽고 속담 배우기

핫도그 사 먹게 500원만….
너 뭐 해?
핫도그 사 먹으려고요….
아무리 적은 돈이라도 엄마 돈에 함부로 손대면 못써! 바늘 도둑이 소도둑 되는 거야!

**속담 읽고 따라 쓰기** 소리 내어 읽으며 예쁘게 따라 쓰세요.

바늘 도둑이 소도둑 된다

**뜻 채우고 따라 쓰기** 소리 내어 읽으며 또박또박 따라 쓰세요.

사소한 ☐☐ 짓도 자꾸 하다 보면 큰 ☐를 저지르게 된다.

# 35 간에 붙었다 쓸개에 붙었다 한다

**뜻** 지조를 지키지 못하고 이익이나 상황에 따라 언행을 바꾸는 태도.

**만화 읽고 속담 배우기**

우식아, 아빠랑 목욕탕 다녀와.
가기 싫은데….
오늘 엄마 청소 도와줘야 해서 시간이 없겠는데요?
오는 길에 치킨 사 먹으려고 했는데.
아, 청소는 어제도 했죠?
너 그런 식으로 간에 붙었다 쓸개에 붙었다 할래?

**속담 읽고 따라 쓰기** 소리 내어 읽으며 예쁘게 따라 쓰세요.

간에 붙었다 쓸개에 붙었다 한다

**뜻 채우고 따라 쓰기** 소리 내어 읽으며 또박또박 따라 쓰세요.

(　　)를 지키지 못하고 이익이나 상황에 따라 (　　)을 바꾸는 태도.

# 36 꿈보다 해몽이 좋다

**뜻** 언짢은 일이 있을 때, 그럴듯하게 돌려 생각하여 좋게 풀이하다.

**만화 읽고 속담 배우기**

오늘이 시험인데 공부를 하나도 안 했어….
뚝!
헉!
헉, 성적이 뚝 떨어진다는 암시 아닐까?
아니야, 시험 잘 쳐서 엄마가 새 가방을 사 줄 거라는 뜻이야!
꿈보다 해몽이 좋네!

**속담 읽고 따라 쓰기** 소리 내어 읽으며 예쁘게 따라 쓰세요.

꿈보다 해몽이 좋다

**뜻 채우고 따라 쓰기** 소리 내어 읽으며 또박또박 따라 쓰세요.

(   ) 일이 있을 때, 그럴듯하게 돌려 생각하여 (  ) 풀이하다.

# 37 이 없으면 잇몸으로 산다

**뜻** 꼭 있어야 할 것이 없으면 없는 대로 견디어 나갈 수 있다.

**만화 읽고 속담 배우기**

어떡하지?
으악!
이 없으면 잇몸으로 사는 거야.
부끄러움은 왜 내 몫?

**속담 읽고 따라 쓰기** 소리 내어 읽으며 예쁘게 따라 쓰세요.

이 없으면 잇몸으로 산다

**뜻 채우고 따라 쓰기** 소리 내어 읽으며 또박또박 따라 쓰세요.

꼭 ______ 할 것이 없으면 없는 대로 ______ 나갈 수 있다.

# 38 내 코가 석 자

뜻 내 사정이 급하고 어려워서 남을 돌볼 여유가 없다.

만화 읽고 속담 배우기

개학 전날
숙제 좀 미리미리 해 놓지.
오빠, 8월 3일에 비가 왔었나?
오빠, 8월 3일에 비가 왔느냐고!
제발 조용히 좀 해! 내 코가 석 자란 말이야!

속담 읽고 따라 쓰기 소리 내어 읽으며 예쁘게 따라 쓰세요.

내 코가 석 자

뜻 채우고 따라 쓰기 소리 내어 읽으며 또박또박 따라 쓰세요.

내 (　　)이 급하고 어려워서 남을 (　　) 여유가 없다.

# 39 남의 밥그릇이 더 커 보인다

**뜻** 같은 물건이라도 남의 것이 더 좋아 보인다.

**만화 읽고 속담 배우기**

으으, 나는 왜 소리가 잘 안 나지?
선생님! 저 리코더가 더 좋은 것 같아요. 제가 저 리코더 쓸래요!
아니, 왜 이렇지? 친구가 불 때는 예쁜 소리가 났는데….
다 똑같은 리코더란다. 원래 남의 밥그릇이 더 커 보이는 법이야.

**속담 읽고 따라 쓰기** 소리 내어 읽으며 예쁘게 따라 쓰세요.

남의 밥그릇이 더 커 보인다

**뜻 채우고 따라 쓰기** 소리 내어 읽으며 또박또박 따라 쓰세요.

같은 ☐☐이라도 남의 것이 더 ☐☐ 보인다.

# 40 저 먹자니 싫고 남 주자니 아깝다

**뜻** 자기에게 소용이 없는데도 남에게는 주기 싫은 인색한 마음.

**만화 읽고 속담 배우기**

우식아, 너 이 옷 잘 안 입더라. 희수 줘도 되지?
안 돼요!
거봐. 이제 옷이 작아 못 입겠다.
아녜요. 아직 입을 수 있어요.
저 먹자니 싫고 남 주자니 아깝니? 나한테 필요 없는 건 나눌 줄도 알아야지.
호호

**속담 읽고 따라 쓰기** 소리 내어 읽으며 예쁘게 따라 쓰세요.

저 먹자니 싫고 남 주자니 아깝다

**뜻 채우고 따라 쓰기** 소리 내어 읽으며 또박또박 따라 쓰세요.

자기에게 ☐☐이 없는데도 남에게는 주기 싫은 ☐☐☐ 마음.

# 41 똥 누러 갈 적 다르고 올 적 다르다

**뜻** 급할 때는 매달리다가 그 일을 마치고 나면 모르는 체하다.

**만화 읽고 속담 배우기**

희수야, 얼른 나와!
지금 나오면 미니 로봇 너 줄게!
꽝 꽝
잠시 후
오빠, 이제 로봇….
비병 이거롱~
똥 누러 갈 적 다르고 올 적 다르다더니….

**속담 읽고 따라 쓰기** 소리 내어 읽으며 예쁘게 따라 쓰세요.

똥 누러 갈 적 다르고 올 적 다르다

**뜻 채우고 따라 쓰기** 소리 내어 읽으며 또박또박 따라 쓰세요.

급할 때는 ☐☐☐☐가 그 일을 마치고 나면 ☐☐☐ 체하다.

# 42 금강산도 식후경

**뜻** 아무리 재미있는 일이라도 배가 불러야 흥이 난다.

**만화 읽고 속담 배우기**

이 그림은 르네상스 시기의 어쩌고저쩌고….
꼬르륵 꼬르륵
배가 고파서….
큭 큭
금강산도 식후경이라고 했어.
맛있어.
맛있어.

**속담 읽고 따라 쓰기** 소리 내어 읽으며 예쁘게 따라 쓰세요.

| 금 | 강 | 산 | 도 |  | 식 | 후 | 경 |  |  |  |  |
|---|---|---|---|---|---|---|---|---|---|---|---|
|  |  |  |  |  |  |  |  |  |  |  |  |
|  |  |  |  |  |  |  |  |  |  |  |  |

**뜻 채우고 따라 쓰기** 소리 내어 읽으며 또박또박 따라 쓰세요.

| 아 | 무 | 리 |  |  |  |  |  |  | 일 | 이 | 라 |
|---|---|---|---|---|---|---|---|---|---|---|---|
| 도 |  | 배 | 가 |  | 불 | 러 | 야 |  |  |  |  |
| 난 | 다 | . |  |  |  |  |  |  |  |  |  |

# 43 웃는 낯에 침 못 뱉는다

**뜻** 좋게 대하는 사람에게는 화를 내거나 나쁘게 대할 수 없다.

**만화 읽고 속담 배우기**

앗!
큰일 났다! 이거 새 옷인데….
엄마, 제가 엄마 제일 사랑하는 거 알죠?
얘가 갑자기 왜 이래?
어쩐지…. 웃는 낯에 침 못 뱉는다고, 어휴.

**속담 읽고 따라 쓰기** 소리 내어 읽으며 예쁘게 따라 쓰세요.

웃는 낯에 침 못 뱉는다

**뜻 채우고 따라 쓰기** 소리 내어 읽으며 또박또박 따라 쓰세요.

좋게 대하는 사람에게는 ______ 내거나 ______ 대할 수 없다.

# 44 미운 놈 떡 하나 더 준다

**뜻** 미운 사람일수록 잘해 주면서 나쁜 감정을 쌓지 않아야 한다.

**만화 읽고 속담 배우기**

야, 너 때문에 졌잖아!
그게 왜 내 탓이야?
찬형이랑 싸웠어요. 이제 찬형이랑은 안 놀 거예요.
미운 놈 떡 하나 더 준다고 했어. 너무 미워하지 마.
다음 날 학교
찬형아, 이거 먹어. 그리고 우리 화해하자.
그래, 고마워.
야! 이거 매운맛 사탕이잖아!!!
메롱~

**속담 읽고 따라 쓰기** 소리 내어 읽으며 예쁘게 따라 쓰세요.

미운 놈 떡 하나 더 준다

**뜻 채우고 따라 쓰기** 소리 내어 읽으며 또박또박 따라 쓰세요.

☐☐ 사람일수록 잘해 주면서 ☐☐ 감정을 쌓지 않아야 한다.

# 45 제 꾀에 제가 넘어간다

**뜻** 꾀를 내어 남을 속이려다가 도리어 자기가 그 꾀에 당하다.

**만화 읽고 속담 배우기**

우식아, 오늘 네 방 청소해야지?
오늘은 속이 좀 안 좋아요….
오늘 저녁은 치킨이다!
와~
넌 속이 안 좋으니까 오늘은 죽만 먹어.
내 꾀에 내가 넘어갔네….
힝

**속담 읽고 따라 쓰기** 소리 내어 읽으며 예쁘게 따라 쓰세요.

| 제 |  | 꾀 | 에 |  | 제 | 가 |  | 넘 | 어 | 간 | 다 |
|---|---|---|---|---|---|---|---|---|---|---|---|
|  |  |  |  |  |  |  |  |  |  |  |  |
|  |  |  |  |  |  |  |  |  |  |  |  |

**뜻 채우고 따라 쓰기** 소리 내어 읽으며 또박또박 따라 쓰세요.

| 꾀 | 를 |  | 내 | 어 |  | 남 | 을 |  |  |  |  |
|---|---|---|---|---|---|---|---|---|---|---|---|
|  |  |  | 도 | 리 | 어 |  | 자 | 기 | 가 |  | 그 |
|  | 에 |  | 당 | 하 | 다 | . |  |  |  |  |  |

# 46 제 버릇 개 못 준다

뜻 한번 들인 버릇은 고치기가 쉽지 않다.

만화 읽고 속담 배우기

집에 오면 손부터 씻으라고 그랬지?
다음 날
희수야, 너도 집에 오면 손부터 씻어!
다음 날
와, 피자다!!
손부터 씻고 먹어야지. 제 버릇 개 못 준다더니….

**속담 읽고 따라 쓰기** 소리 내어 읽으며 예쁘게 따라 쓰세요.

제 버릇 개 못 준다

**뜻 채우고 따라 쓰기** 소리 내어 읽으며 또박또박 따라 쓰세요.

한번 들인 ☐☐은 고치
기가 ☐☐ 않다.

# 47 바다는 메워도 사람 욕심은 못 채운다

**뜻** 사람의 욕심은 끝이 없어 무엇으로도 채울 수 없다.

**만화 읽고 속담 배우기**

오빠, 나도 과자 좀 줘!
싫어!
나도 같이 좀 먹자~
내 거야!
한 입만….
네가 따로 사 먹어!
어이구, 욕심 부리더니….
바다는 메워도 사람 욕심은 못 채운다고 그랬다.

**속담 읽고 따라 쓰기** 소리 내어 읽으며 예쁘게 따라 쓰세요.

바다는 메워도 사람 욕심은 못 채운다

**뜻 채우고 따라 쓰기** 소리 내어 읽으며 또박또박 따라 쓰세요.

사람의 ☐☐은 끝이 없어 무엇으로도 ☐☐ 수 없다.

# 48 잘되면 제 탓 안되면 조상 탓

**뜻** 일이 안될 때 그 책임을 남에게 돌리는 태도.

**만화 읽고 속담 배우기**

1등, 정우식!
역시 난 달리기는 타고났어.
다른 대회
헉헉!
어제 엄마가 청소를 너무 많이 시켜서 제대로 못 달렸어요.
아이고! 잘되면 제 탓 안되면 조상 탓이지.

**속담 읽고 따라 쓰기** 소리 내어 읽으며 예쁘게 따라 쓰세요.

잘되면 제 탓 안되면 조상 탓

**뜻 채우고 따라 쓰기** 소리 내어 읽으며 또박또박 따라 쓰세요.

일이 (　　) 때 그 (　　)을 남에게 돌리는 태도.

# 49 남의 제사에 감 놔라 배 놔라 한다

**뜻** 자기와 전혀 상관없는 일에 공연히 간섭하고 나서다.

**만화 읽고 속담 배우기**

야!
그건 그렇게 하는 거 아니야.
어휴!
나와 봐. 이렇게 해야 점수가 나지.
야! 공은 이렇게 차야지. 내가 한 수 가르쳐 줄게.
야!
네가 뭔데 남의 제사에 감 놔라 배 놔라 참견이야? 너나 잘해!

**속담 읽고 따라 쓰기** 소리 내어 읽으며 예쁘게 따라 쓰세요.

남의 제사에 감 놔라
배 놔라 한다

**뜻 채우고 따라 쓰기** 소리 내어 읽으며 또박또박 따라 쓰세요.

자기와 전혀 ☐☐ 없는
일에 공연히 ☐☐ 하고
나서다.

# 50 평안 감사도 저 싫으면 그만이다

**뜻** 아무리 좋은 일이라도 자기가 내키지 않으면 할 수 없다.

**만화 읽고 속담 배우기**

후보로 등록할 사람?
<회장 선거>
우식아, 너도 나가 봐. 작년에도 회장 했잖아.
난 이번엔 안 나갈 거야.
작년에 회장 해 보니까 인기가 너무 올라가서 피곤하더라고.
그, 그래. 평안 감사도 저 싫으면 그만이지.

**속담 읽고 따라 쓰기** 소리 내어 읽으며 예쁘게 따라 쓰세요.

평안 감사도 저 싫으면 그만이다

**뜻 채우고 따라 쓰기** 소리 내어 읽으며 또박또박 따라 쓰세요.

아무리 ☐☐ 일이라도 자기가 ☐☐☐ 않으면 할 수 없다.

# 51 뛰는 놈 위에 나는 놈 있다

뜻 스스로 뽐내는 사람을 경계하여 이르는 말.

만화 읽고 속담 배우기

홱-
우아-
진짜 최고!
흐음…
너 그럼 이것도 할 줄 아냐?
뛰는 놈 위에 나는 놈 있다더니….
쟤 뭐야…

속담 읽고 따라 쓰기 소리 내어 읽으며 예쁘게 따라 쓰세요.

뛰는 놈 위에 나는 놈 있다

뜻 채우고 따라 쓰기 소리 내어 읽으며 또박또박 따라 쓰세요.

스스로 [ ] 사람을 [ ]하여 이르는 말.

# 52 고생 끝에 낙이 온다

뜻 어려운 일을 겪은 뒤에는 반드시 즐겁고 좋은 일이 생긴다.

만화 읽고 속담 배우기

다들 얼른 와!
아빠, 아직 멀었어요?
조금만 더 가면 돼!
와아~ 정상이다!
헉! 헉!
와, 이 맛이야!
고생 끝에 낙이 오는 법이지.

**속담 읽고 따라 쓰기** 소리 내어 읽으며 예쁘게 따라 쓰세요.

고생 끝에 낙이 온다

**뜻 채우고 따라 쓰기** 소리 내어 읽으며 또박또박 따라 쓰세요.

[   ] 일을 겪은 뒤에는 반드시 [   ] 좋은 일이 생긴다.

# 53 천 리 길도 한 걸음부터

**뜻** 무슨 일이든 시작이 중요하다.

**만화 읽고 속담 배우기**

아, 정말 가벼워!
△○ 마라톤 대회
꼭 완주한다!
27
57
7
며칠 뒤
그러게 평소에 달리기도 안 하면서 무슨 마라톤이야.
으악~
천 리 길도 한 걸음부터랬다. 꾸준히 연습하면 언젠가는 완주할 수 있을 거야.

**속담 읽고 따라 쓰기** 소리 내어 읽으며 예쁘게 따라 쓰세요.

천 리 길도 한 걸음부터

**뜻 채우고 따라 쓰기** 소리 내어 읽으며 또박또박 따라 쓰세요.

무손 일이든 ☐☐이 ☐☐하다.

# 54 뿌린 대로 거둔다

**뜻** 모든 일은 원인에 따라 그에 걸맞은 결과가 생긴다.

**만화 읽고 속담 배우기**

자, 이번 달 용돈이야.
사고 싶은 거 사렴.
성금
불우이웃돕기
이번 달 용돈은 같이 기부할까?
그래, 그러자.
어머나, 우리 애들이!
우와!
다 뿌린 대로 거두는 법이야. 너희가 마음을 착하게 쓰니 좋은 결과로 돌아온 거지.

**속담 읽고 따라 쓰기** 소리 내어 읽으며 예쁘게 따라 쓰세요.

뿌린 대로 거둔다

**뜻 채우고 따라 쓰기** 소리 내어 읽으며 또박또박 따라 쓰세요.

모든 일은 ☐☐에 따라 그에 걸맞은 ☐☐가 생긴다.

# 55 입에 쓴 약이 병에는 좋다

**뜻** 충고나 비판이 당장은 듣기 싫지만, 받아들이면 나한테 이롭다.

**만화 읽고 속담 배우기**

이 동작은 이렇게 해야지.
다녀왔습니다….
왜 이렇게 시무룩해?
태권도 사범님이 자꾸 지적만 하셔서요. 나는 칭찬도 받고 싶은데….
원래 입에 쓴 약이 병에는 좋은 거야. 앞으로 태권도 실력이 쑥쑥 올라갈걸?
진짜죠?

**속담 읽고 따라 쓰기** 소리 내어 읽으며 예쁘게 따라 쓰세요.

입에 쓴 약이 병에는 좋다

**뜻 채우고 따라 쓰기** 소리 내어 읽으며 또박또박 따라 쓰세요.

충고나 [　　]이 당장은 듣기 싫지만, 받아들이면 나한테 [　　　].

# 56 지성이면 감천

뜻 무슨 일이든 정성을 다하면 어려운 일도 좋은 결과를 맺는다.

만화 읽고 속담 배우기

엄마, 강아지가 아픈가 봐요.
웬 강아지?
강아지야, 얼른 기운 차려야지.
며칠 뒤
와, 강아지가 이제 다 나았나 봐!
지성이면 감천이라더니, 너희 덕분에 강아지가 다 나았구나.

**속담 읽고 따라 쓰기** 소리 내어 읽으며 예쁘게 따라 쓰세요.

| 지 | 성 | 이 | 면 | | 감 | 천 | | | | | |
|---|---|---|---|---|---|---|---|---|---|---|---|
| | | | | | | | | | | | |
| | | | | | | | | | | | |

**뜻 채우고 따라 쓰기** 소리 내어 읽으며 또박또박 따라 쓰세요.

| 무 | 슨 | | 일 | 이 | 든 | | | | 을 | | 다 |
|---|---|---|---|---|---|---|---|---|---|---|---|
| 하 | 면 | | | | | | 일 | 도 | | 좋 | 은 |
| 결 | 과 | 를 | | 맺 | 는 | 다 | . | | | | |

# 57 피는 물보다 진하다

**뜻** 피를 나눈 가족 간의 정이 깊다.

**만화 읽고 속담 배우기**

야, 너!
이리 와 봐.
저 누나 무서워
보이는데….
지금 우리
동생한테
무슨 짓 하는
거예요!
악!
고마워,
오빠!
피는 물보다
진하다더니,
우리 우식이
용감하네?

**속담 읽고 따라 쓰기** 소리 내어 읽으며 예쁘게 따라 쓰세요.

| 피 | 는 | | 물 | 보 | 다 | | 진 | 하 | 다 | | |
|---|---|---|---|---|---|---|---|---|---|---|---|
| | | | | | | | | | | | |
| | | | | | | | | | | | |

**뜻 채우고 따라 쓰기** 소리 내어 읽으며 또박또박 따라 쓰세요.

| 피 | 를 | | 나 | 눈 | | | | | 간 | 의 | |
|---|---|---|---|---|---|---|---|---|---|---|---|
| 정 | 이 | | | | . | | | | | | |
| | | | | | | | | | | | |

# 58 공든 탑이 무너지랴

**뜻** 정성을 다하여 한 일은 반드시 좋은 결과를 얻는다.

**만화 읽고 속담 배우기**

희수야,
좀 쉬면서 해!
엄마, 시험을
못 볼까 봐 너무
걱정돼요.
열심히 공부한 건
사라지지 않을 테니
너무 걱정하지 마.
홱!
100
거봐, 공든 탑이
무너지겠니?
고생했어!
100점이에요!

**속담 읽고 따라 쓰기** 소리 내어 읽으며 예쁘게 따라 쓰세요.

공든 탑이 무너지랴

**뜻 채우고 따라 쓰기** 소리 내어 읽으며 또박또박 따라 쓰세요.

(　　)을 다하여 한 일은 반드시 좋은 (　　)를 얻는다.

# 59 구르는 돌은 이끼가 끼지 않는다

**뜻** 부지런하고 꾸준히 노력하는 사람은 계속 발전한다.

**만화 읽고 속담 배우기**

쉬는 동안 내 실력이 녹슬면 어떡하지?
태권도장
여름 휴가로 1주일 쉽니다.
구르는 돌은 이끼가 끼지 않는 법이야. 집에서도 연습할 수 있잖니?
으라
차차!
애고, 어지러워~
진짜 구르라는 말이 아니라… 어휴~

**속담 읽고 따라 쓰기** 소리 내어 읽으며 예쁘게 따라 쓰세요.

구르는 돌은 이끼가 끼지 않는다

**뜻 채우고 따라 쓰기** 소리 내어 읽으며 또박또박 따라 쓰세요.

부지런하고 ☐☐☐ 노력하는 사람은 계속 ☐☐한다.

# 60 말이 씨가 된다

**뜻** 늘 말하던 것이 실제로 일어날 수도 있으니 말을 조심해야 한다.

**만화 읽고 속담 배우기**

오빠 말 안 들을래? 얼른 내놔.
오빠면 다야? 이건 내 거야.
에이~ 가다가 넘어져라!
씩 씩
으악! 너무 아파!
말이 씨가 된다고, 그런 나쁜 말은 하면 안 돼!
미안해 오빠.

**속담 읽고 따라 쓰기** 소리 내어 읽으며 예쁘게 따라 쓰세요.

말이 씨가 된다

**뜻 채우고 따라 쓰기** 소리 내어 읽으며 또박또박 따라 쓰세요.

늘 (　　　) 것이 실제로 일어날 수도 있으니 말을 (　　) 해야 한다.

# 61 우물을 파도 한 우물을 파라

뜻 어떤 일이든 한 가지를 꾸준히 해야 성공한다.

만화 읽고 속담 배우기

엄마, 저는 수영이 안 맞는 것 같아요.
달리기도 안 맞는 것 같아요.
축구도 안 맞는 것 같아요.
엄마, 농구 시작하고 싶어요!
어휴, 우물을 파도 한 우물을 파야지!

속담 읽고 따라 쓰기 소리 내어 읽으며 예쁘게 따라 쓰세요.

우물을 파도 한 우물을 파라

뜻 채우고 따라 쓰기 소리 내어 읽으며 또박또박 따라 쓰세요.

어떤 일이든 한 가지를 ___ 해야 ___ 한다.

# 62 이미 엎질러진 물이다

뜻 다시 바로잡거나 되돌릴 수 없는 일.

만화 읽고 속담 배우기

와! 와!
툭!
깨졌어… 어떡해~
어때, 감쪽같지?
이미 엎질러진 물이다.
너희 벌써 다 들켰어.

**속담 읽고 따라 쓰기** 소리 내어 읽으며 예쁘게 따라 쓰세요.

이 미 엎 질 러 진 물 이 다

**뜻 채우고 따라 쓰기** 소리 내어 읽으며 또박또박 따라 쓰세요.

다 시 ☐ 잡 거 나 되 돌 릴
수 ☐ 일 .

# 63 열 번 찍어 안 넘어가는 나무 없다

**뜻** 아무리 뜻이 굳은 사람이라도 여러 번 권하면 마음이 변한다.

**만화 읽고 속담 배우기**

엄마, 새 게임기 사 주세요!
절대 안 돼!
아, 엄마~ 제발요!
사 주세요! 사 주세요!
새 게임기 사 달라!
...
화장실
열 번 찍어 안 넘어가는 나무 없댔어. 더 졸라 보자.
열 번이 아니라 백 번을 찍어도
넘어가나 봐라.
새 게임기 사 주세요.

**속담 읽고 따라 쓰기** 소리 내어 읽으며 예쁘게 따라 쓰세요.

열 번 찍어 안 넘어가
는 나무 없다

**뜻 채우고 따라 쓰기** 소리 내어 읽으며 또박또박 따라 쓰세요.

아무리 뜻이 사람
이라도 여러 번 권하면
마음이 .

# 64 티끌 모아 태산

뜻 작은 것이라도 모이고 모이면 나중에 큰 덩어리가 된다.

만화 읽고 속담 배우기

오늘부터 한 번 심부름할 때마다 1000원!
예!
누가 가서 두부 좀 사 와라.
귀찮아~ 1000원은 있으나마나….
벌떡
우리 희수가 수고했다.
1000
새 학기
쳇, 희수만 새 가방 사 주고.
희수가 심부름값 모아서 산 거야. 티끌 모아 태산이라고!
딱!

속담 읽고 따라 쓰기 소리 내어 읽으며 예쁘게 따라 쓰세요.

티 끌 모 아 태 산

뜻 채우고 따라 쓰기 소리 내어 읽으며 또박또박 따라 쓰세요.

□ □ 것 이 라 도 모 이 고
모 이 면 나 중 에 큰 □ □
□ 가 된 다 .

# 65 하늘이 무너져도 솟아날 구멍이 있다

**뜻** 아무리 어려운 상황에 부딪히더라도 살아 나갈 길이 있다.

**만화 읽고 속담 배우기**

오늘 밤에 다 할 수 있을까?
내 숙제!
으악!
우식아, 오늘 폭우 때문에 휴교한대.
속보 폭우
만세! 하늘이 무너져도 솟아날 구멍이 있다더니!

**속담 읽고 따라 쓰기** 소리 내어 읽으며 예쁘게 따라 쓰세요.

하늘이 무너져도 솟아날
구멍이 있다

**뜻 채우고 따라 쓰기** 소리 내어 읽으며 또박또박 따라 쓰세요.

아무리 ☐☐☐ 상황에
부딪히더라도 ☐☐ 나갈
길이 있다.

# 66 물이 깊어야 고기가 모인다

뜻 자기에게 덕망이 있어야 사람들이 따르게 된다.

**만화 읽고 속담 배우기**

밥 안 먹었어?
그럼 빵 먹을래?
출출해? 초콜릿 먹을래?
그래, 좋아!
물이 깊어야 고기가 모인다고,
우식이 성품이 좋으니까
친구들한테 인기가 많구나.
파는 거였어?
하나에 500원!

**속담 읽고 따라 쓰기** 소리 내어 읽으며 예쁘게 따라 쓰세요.

물이 깊어야 고기가 모인다

**뜻 채우고 따라 쓰기** 소리 내어 읽으며 또박또박 따라 쓰세요.

자기에게 ☐☐이 있어야 사람들이 ☐☐☐ 된다.

# 67 윗물이 맑아야 아랫물이 맑다

**뜻** 윗사람이 잘해야 아랫사람이 윗사람을 본받아 잘하게 된다.

**만화 읽고 속담 배우기**

너 지금 엄마 없다고….
네가 유치원생도 아닌데 이러면 엄마만 힘들잖아!
오빠, 근데….
오빠나 잘하시지! 윗물이 맑아야 아랫물이 맑은 법이야.

**속담 읽고 따라 쓰기** 소리 내어 읽으며 예쁘게 따라 쓰세요.

윗물이 맑아야 아랫물이 맑다

**뜻 채우고 따라 쓰기** 소리 내어 읽으며 또박또박 따라 쓰세요.

☐☐☐이 잘해야 ☐☐☐☐이 윗사람을 본받아 잘하게 된다.

# 68 팔십 노인도 세 살 먹은 아이한테 배울 것이 있다

**뜻** 나이 어린 아이의 말이라도 무시하지 말고 귀담아들어야 한다.

**만화 읽고 속담 배우기**

길에서는 휴대폰 보며 다니지 말라고 했지? 어이구, 어린애들이란….
으, 무서워….
며칠 뒤
끙~ 이건 도대체 어떻게 하는 거야?
할아버지, 제가 도와드릴게요. 이건 이렇게 하시면 돼요.
팔십 노인도 세 살 먹은 아이한테 배울 것이 있다더니, 정말 그렇구나.

**속담 읽고 따라 쓰기** 소리 내어 읽으며 예쁘게 따라 쓰세요.

| 팔 | 십 | | 노 | 인 | 도 | | 세 | | 살 | | 먹 |
|---|---|---|---|---|---|---|---|---|---|---|---|
| 은 | | 아 | 이 | 한 | 테 | | 배 | 울 | | 것 | 이 |
| 있 | 다 | | | | | | | | | | |

**뜻 채우고 따라 쓰기** 소리 내어 읽으며 또박또박 따라 쓰세요.

| 나 | 이 | | 어 | 린 | | | | 의 | | 말 | 이 |
|---|---|---|---|---|---|---|---|---|---|---|---|
| 라 | 도 | | 무 | 시 | 하 | 지 | | 말 | 고 | | |
| | | 들 | 어 | 야 | | 한 | 다 | . | | | |

# 복습 퀴즈 1

다음 사다리를 타고 내려가 나온 상황이 속담의 뜻과 맞으면 O표, 맞지 않으면 X표 하세요.

| 금강산도 식후경 | 이 없으면 잇몸으로 산다 | 제 버릇 개 못 준다 | 공든 탑이 무너지랴 |
|---|---|---|---|

또 손 안 씻었지? 집에 오면 손부터 씻으라고 했잖니!

우산이 없을 땐 상자를 뒤집어 쓰면 돼!
부끄러움은 왜 내 몫?

아무리 재미있는 일이라도 배가 불러야 흥이 나죠!
맞아.
맞아.

100
거봐, 열심히 하면 좋은 결과가 나온다니까.
고생했어!
100점이에요!

# 복습 퀴즈 2

다음 빈칸에 들어갈 알맞은 말을 골라 속담 뜻풀이를 완성해 보세요.

### 아니 땐 굴뚝에 연기 나랴

원인이 없으면 [　　] 도 있을 수 없다.

①결과 ②과정

### 가는 날이 장날

어떤 일을 하려고 하는데 [　　] 일이 생긴 상황.

①뜻하지 않은 ②예상했던

### 천 리 길도 한 걸음부터

무슨 일이든 [　　] 이 중요하다.

①시작 ②끝

### 같은 값이면 다홍치마

값이 비슷하다면 좀 더 [　　] 것을 선택한다.

①새로운 ②좋은

### 이미 엎질러진 물이다

다시 바로잡거나 되돌릴 수 [　　] 일.

①없는 ②있는

### 우물을 파도 한 우물을 파라

어떤 일이든 [　　] 를 꾸준히 해야 성공한다.

①여러 가지 ②한 가지

## 복습 퀴즈 3

다음 문장들을 선으로 알맞게 연결해 속담을 완성해 보세요.

| 고래 싸움에 | 윗물이 맑아야 | 제 꾀에 | 닭 쫓던 개 |
|---|---|---|---|
| 지붕 | 새우 등 | 제가 | 아랫물이 |
| 터진다 | 쳐다본다 | 맑다 | 넘어간다 |

# 복습 퀴즈 4

다음 문제를 잘 읽어 보고, 정답을 말하는 친구를 골라 네모 칸에 O표 하세요.

① 'OOO에게 물려 가도 정신만 차리면 산다'에서 OOO에 들어갈 말은 무엇인가요?

정답은 '호랑이'야!
정답은 '독수리'야!

② '자기 지식이 얕은 줄도 모르고 저만 잘난 줄 아는 사람'을 뜻하는 속담은 무엇인가요?

정답은 '쇠귀에 경 읽기'야.
정답은 '우물 안 개구리'야.

③ '가재는 게 편'은 어떤 뜻을 가지고 있나요?

상황이 비슷한 사람끼리 서로 돕거나 편을 들어주기 쉽다는 뜻이야.
상황이 비슷한 사람끼리는 오히려 서로 돕거나 편을 들기 어렵다는 뜻이야.

④ 다음 중 어려움에 처한 친구에게 용기를 주는 말을 하는 사람은 누구인가요?

힘들겠지만, 내 코가 석 자야.
걱정 마. 하늘이 무너져도 솟아날 구멍은 있는 법이야!

## 일러두기

- 이 책의 만화는 『그래서 이런 관용어가 생겼대요』의 만화를 그대로 사용했어요.
- 관용어의 뜻은 국립국어원 『표준국어대사전』을 주로 참고해 풀이했어요.
- 관용어를 더 자세히 알고 싶다면 『그래서 이런 관용어가 생겼대요』를 읽어 보세요.

2장

# 관용어 따라 쓰기

# 69 귀에 딱지가 앉다

**뜻** 어떤 말을 너무 많이 들어서 익숙하거나 지겹다.

**만화 읽고 관용어 배우기**

엄마! 강아지 키우고 싶어요!
강아지? 너희 키우는 것도 손이 많이 가!
강아지! 강아지!
절대 안 돼!
투쟁
단결
강아지!
강아지! 강아지! 강아지! 강아지! 강아지!
귀에 딱지가 앉겠네.
강아지!
그 딱지 제가 파 드릴 테니 강아지 한번 키워 보시죠.

**관용어 읽고 따라 쓰기** 소리 내어 읽으며 예쁘게 따라 쓰세요.

귀에 딱지가 앉다

**뜻 채우고 따라 쓰기** 소리 내어 읽으며 또박또박 따라 쓰세요.

어떤 말을 너무 ______ 들어서 ______하거나 지겹다.

# 70 눈 깜짝할 사이

**뜻** 매우 짧은 순간을 비유적으로 이르는 말.

**만화 읽고 관용어 배우기**

이따가 먹어야지~
후다닥ㅡ
오! 아이스크림!
눈 한 번 깜박였을 뿐인데….
쌩ㅡ
눈 깜짝할 사이 오빠가 내 아이스크림 먹었어!
험한 세상인데 눈 잘 뜨고 다녀야지.
엉
엉
엉

**관용어 읽고 따라 쓰기** 소리 내어 읽으며 예쁘게 따라 쓰세요.

눈 깜짝할 사이

**뜻 채우고 따라 쓰기** 소리 내어 읽으며 또박또박 따라 쓰세요.

매우 ☐☐ ☐☐을 비유적으로 이르는 말.

# 71 입에 침이 마르다

**뜻** 다른 사람이나 물건에 대해 거듭해서 말하다.

**만화 읽고 관용어 배우기**

안녕하세요!
엄마! 우리 반 친구 소리야.
어머, 네가 소리구나?
앗, 저 아세요?
엄마! 소리가~ 소리 소리
엄마! 소리는~ 소리 소리 소리
그럼~ 산이가 입에 침이 마르도록 네 얘기만 하는걸!
산이 너...
어, 엄마! 그 입 좀!

**관용어 읽고 따라 쓰기** 소리 내어 읽으며 예쁘게 따라 쓰세요.

입에 침이 마르다

**뜻 채우고 따라 쓰기** 소리 내어 읽으며 또박또박 따라 쓰세요.

다른 사람이나 [ ]에 대해 [ ]해서 말하다.

# 72 면목이 없다

**뜻** 부끄러워 남을 대할 용기가 없다.

**만화 읽고 관용어 배우기**

죄송해요. 엄마. 제가 면목이 없어요.
목이 없다고?
면목이 없다는 건 죄송해서 얼굴을 들 수가 없다는 뜻이야.
아! 근데 삼촌, 무슨 잘못을 했어?
이번에도 입사 시험 떨어졌어. 내가 요즘 밥맛도 없다.
그럼 그 핫도그 나 줘.
안 돼! 핫도그는 언제나 옳지.
날름 날름
더러워…

**관용어 읽고 따라 쓰기** 소리 내어 읽으며 예쁘게 따라 쓰세요.

면목이 없다

**뜻 채우고 따라 쓰기** 소리 내어 읽으며 또박또박 따라 쓰세요.

(    ) 남을 대할 (  )가 없다.

# 73 얼굴이 두껍다

뜻 부끄러움을 모르고 염치가 없다.

만화 읽고 관용어 배우기

솔아, 나 연필 좀 빌려줘.
너 전에 빌려 간 색연필도 안 돌려줬잖아.
솔아, 나 줄넘기 좀 빌려줘.
너 전에 빌려 간 연필도 안 돌려줬잖아.
솔아, 네가 제일 좋아하는 것 같은 이 책 좀 빌려 갈게.
야!
쾅
너 얼굴이 너무 두꺼운 거 아냐?
이글 이글
호호
그렇지도? 나 매일 영양 크림 듬뿍 바르거든.

관용어 읽고 따라 쓰기 소리 내어 읽으며 예쁘게 따라 쓰세요.

| 얼 | 굴 | 이 | | 두 | 껍 | 다 | | | | | |
|---|---|---|---|---|---|---|---|---|---|---|---|
| | | | | | | | | | | | |
| | | | | | | | | | | | |

뜻 채우고 따라 쓰기 소리 내어 읽으며 또박또박 따라 쓰세요.

| | | | | 을 | | 모 | 르 | 고 | | | |
|---|---|---|---|---|---|---|---|---|---|---|---|
| 가 | | 없 | 다 | . | | | | | | | |
| | | | | | | | | | | | |

# 74 뒤통수를 맞다

**뜻** 믿었던 사람에게 배신이나 배반을 당하다.

**만화 읽고 관용어 배우기**

솔아,
이 카드 어때?
이쁜데?
완전 내 스타일!
생일날 봐!
내 생일에 주려고
준비한 거구나.
솔아,
생일 축하해!
고마워!
너희가 최고야!
산이 오빠,
이거 받아~
내 거 아니었어?
나 완전 뒤통수
맞았네.

**관용어 읽고 따라 쓰기** 소리 내어 읽으며 예쁘게 따라 쓰세요.

뒤통수를 맞다

**뜻 채우고 따라 쓰기** 소리 내어 읽으며 또박또박 따라 쓰세요.

믿었던 사람에게 ☐☐이나 ☐☐을 당하다.

# 75 머리 꼭대기에 앉다

**뜻** 상대방의 생각이나 행동을 꿰뚫다.

**만화 읽고 관용어 배우기**

루키야,
이리 와!
형이랑 놀자.
…
개껌 줄게.
이리 와!
후다닥
형이랑 놀…
탁!
후다닥
아주 그냥
내 머리 꼭대기에
앉았구나.
냥냥
개껌만
쏙 빼 먹냐….

**관용어 읽고 따라 쓰기** 소리 내어 읽으며 예쁘게 따라 쓰세요.

머리 꼭대기에 앉다

**뜻 채우고 따라 쓰기** 소리 내어 읽으며 또박또박 따라 쓰세요.

상대방의 [ ] 이나 행동을 [ ] .

# 76 어깨가 무겁다

**뜻** 무거운 책임을 져서 마음에 부담이 크다.

**만화 읽고 관용어 배우기**

산이도 이제 5학년이니까 공부 열심히 해야지!
공부
운동을 해야 키도 크고 건강해져!
운동
공부
끙!
동생
운동
공부
오빠, 오빠~ 나랑 놀아 줘!
동생
운동
공부
나이가 드니까 점점 어깨가 무거워지네….

**관용어 읽고 따라 쓰기** 소리 내어 읽으며 예쁘게 따라 쓰세요.

어깨가 무겁다

**뜻 채우고 따라 쓰기** 소리 내어 읽으며 또박또박 따라 쓰세요.

무거운 [　　]을 져서 마음에 [　　]이 크다.

# 77 발등에 불이 떨어지다

뜻 일이 몹시 절박하게 닥치다.

만화 읽고 관용어 배우기

방학이 끝나 가니 더 격렬하게 아무것도 안 하고 싶다.
참 여유롭네. 방학 숙제는 다 했어?
머엉~
암요. 일기만 쓰면 돼요.
방학 마지막 날
8월 5일에 맑았냐? 아니, 눈 왔었나?
여름에 눈이 왜 와?!
꼭 발등에 불이 떨어져야 하지.

관용어 읽고 따라 쓰기 소리 내어 읽으며 예쁘게 따라 쓰세요.

발등에 불이 떨어지다

뜻 채우고 따라 쓰기 소리 내어 읽으며 또박또박 따라 쓰세요.

일이 몹시 ☐☐☐☐ 닥치다.

# 78 간이 크다

뜻 겁이 없고 매우 대담하다.

만화 읽고 관용어 배우기

싫어!!
귀신의 집 가고 싶어!
귀신의집
살아서 보자!
얼른 들어가자~
으악
꺄악! 재밌어!
깔깔
깔깔
우리 솔이가 진짜 간이 크네~
아이 신나

**관용어 읽고 따라 쓰기** 소리 내어 읽으며 예쁘게 따라 쓰세요.

간 이 　 크 다

**뜻 채우고 따라 쓰기** 소리 내어 읽으며 또박또박 따라 쓰세요.

□ 이 　 없 고 　 매 우 　 □□ 하 다 .

# 79 국물도 없다

뜻 돌아오는 몫이나 이득이 아무것도 없다.

만화 읽고 관용어 배우기

오늘도 지각하면 국물도 없어!
아… 졸려…
질질
딩동 댕동
헉헉~ 또 지각이다!
떡볶이다!
응~ 진짜 맛있어!
지각하면 국물도 없다고 했지?
그럼요~ 그래서 건더기만 먹고 있죠~

관용어 읽고 따라 쓰기 소리 내어 읽으며 예쁘게 따라 쓰세요.

국 물 도 없 다

뜻 채우고 따라 쓰기 소리 내어 읽으며 또박또박 따라 쓰세요.

돌 아 오 는 [ ] 이 나 [ ] 이
아 무 것 도 없 다 .

# 80 깨가 쏟아지다

**뜻** 오붓하고 매우 아기자기하여 재미가 나다.

**만화 읽고 관용어 배우기**

가족이 함께 산책하니까 좋구나!
그러게요.
신혼부부인가 봐. 깨가 쏟아지네.
우리도 저런 시절이 있었지.
지금은요?
지금은 깨춤 추고 있지~
앗싸
흔들흔들
흔들흔들

**관용어 읽고 따라 쓰기** 소리 내어 읽으며 예쁘게 따라 쓰세요.

깨가 쏟아지다

**뜻 채우고 따라 쓰기** 소리 내어 읽으며 또박또박 따라 쓰세요.

(    )하고 매우 (    )하여 재미가 나다.

# 81 뜨거운 맛을 보다

뜻 쉽게 생각하고 시작했다가 호된 고통이나 어려움을 겪다.

만화 읽고 관용어 배우기

부들 부들
산이 너, 실력이 형편없구나.
0 10
좋아! 내 필살기로 뜨거운 맛을 보여 드리죠!
팍!
받아랏!
악, 따가워!
일어나! 지금 너 자는 척하는 거지?
부들 부들
내 뜨거운 맛이….

관용어 읽고 따라 쓰기 소리 내어 읽으며 예쁘게 따라 쓰세요.

| 뜨 | 거 | 운 |  | 맛 | 을 |  | 보 | 다 |  |  |  |
|---|---|---|---|---|---|---|---|---|---|---|---|
|  |  |  |  |  |  |  |  |  |  |  |  |
|  |  |  |  |  |  |  |  |  |  |  |  |

뜻 채우고 따라 쓰기 소리 내어 읽으며 또박또박 따라 쓰세요.

| 쉽 | 게 |  | 생 | 각 | 하 | 고 |  | 시 | 작 | 했 | 다 |
|---|---|---|---|---|---|---|---|---|---|---|---|
| 가 |  | 호 | 된 |  |  | 이 | 나 |  |  |  |  |
|  | 을 |  | 겪 | 다 | . |  |  |  |  |  |  |

# 82 찬밥 더운밥 가리다

**뜻** 어려운 형편에 있으면서 배부른 행동을 하다.

**만화 읽고 관용어 배우기**

여보, 애들 밥 좀 부탁해. 맨날 사 먹지 말고.
걱정 마, 여보.
아빠표 김치찌개다~
와! 기대돼!
뭐야, 이게. 독 탔어요?
웩, 토할 것 같아.
너희가 지금 찬밥 더운밥 가릴 때냐?! 살고 싶으면 먹어!
일단 살고 보자.

**관용어 읽고 따라 쓰기** 소리 내어 읽으며 예쁘게 따라 쓰세요.

찬 밥 더 운 밥 가 리 다

**뜻 채우고 따라 쓰기** 소리 내어 읽으며 또박또박 따라 쓰세요.

어 려 운 □□ 에 있 으 면 서
□□□ 행 동 을 하 다 .

# 83 한솥밥을 먹다

**뜻** 같은 솥에서 나온 밥을 나누어 먹는 아주 가까운 사이.

**만화 읽고 관용어 배우기**

오늘부터 가족 여행이다! 얼른 짐 싸자!
야호
엄마, 루키도 가는 거죠?
루키는 안 돼!
왜 안 돼요? 루키도 한솥밥 먹는 우리 식구인데!
엉엉
한솥밥 먹는다는 건 언제나 함께하는 것!

**관용어 읽고 따라 쓰기** 소리 내어 읽으며 예쁘게 따라 쓰세요.

한 솥 밥 을 　 먹 다

**뜻 채우고 따라 쓰기** 소리 내어 읽으며 또박또박 따라 쓰세요.

같 은 　 솥 에 서 　 나 온 [　　]
나 누 어 　 먹 는 　 아 주 [　　]
[　] 　 사 이 .

# 84 뜸을 들이다

**뜻** 서두르지 않고 느긋하거나 답답할 정도로 느리다.

**만화 읽고 관용어 배우기**

엄마~
응?
엄마, 있잖아요….
무슨 일이야?
무슨 사고를 쳤길래 이렇게 뜸을 들여?
키득
키득
생일 축하해
어머! 이런 감동꾸러기들!
짠!

**관용어 읽고 따라 쓰기** 소리 내어 읽으며 예쁘게 따라 쓰세요.

뜸을 들이다

**뜻 채우고 따라 쓰기** 소리 내어 읽으며 또박또박 따라 쓰세요.

서두르지 않고 ____ 하거나 답답할 정도로 ____ .

# 85 나사가 풀리다

**뜻** 정신 상태가 해이하다.

**만화 읽고 관용어 배우기**

산이, 솔이! 루키 산책시켰어?
나 오늘 숙제 많은데.
나도 바쁜데.
루키 데리고 오면 너희가 잘 키운다고 했잖아!
이것들이 나사가 풀려 가지고는!
루키, 미안! 앞으로는 나사 잘 조일게.
나도.
치!
쉬—

**관용어 읽고 따라 쓰기** 소리 내어 읽으며 예쁘게 따라 쓰세요.

나 사 가   풀 리 다

**뜻 채우고 따라 쓰기** 소리 내어 읽으며 또박또박 따라 쓰세요.

☐☐ 상 태 가 ☐☐ 하 다 .

# 86 다리를 놓다

**뜻** 일이 잘되게 하려고 둘 또는 여럿을 연결하다.

**만화 읽고 관용어 배우기**

산아, 너 민정이랑 친하지?
뭐냐, 그 표정은?
네가 다리 좀 놓아 줘.
아~ 다리쯤이야. 내가 놔 줄게.
민정아! 이리 와 봐!
왜?
콩닥
콩닥
...
내 다리 잡아 봐!
치워! 발 냄새 토 나와!

**관용어 읽고 따라 쓰기** 소리 내어 읽으며 예쁘게 따라 쓰세요.

다리를 놓다

**뜻 채우고 따라 쓰기** 소리 내어 읽으며 또박또박 따라 쓰세요.

일이 ☐ 하려고 둘 또는 여럿을 ☐하다.

# 87 색안경을 쓰다

뜻 좋지 않은 감정이나 선입관을 품다.

만화 읽고 관용어 배우기

저 아저씨 뭐야?
설마 고양이를
괴롭히려는 건가?
아저씨,
안 돼요!
이얍
얏
냥이야~
우쭈쭈쭈~
딸랑
딸랑
아저씨 인상만 보고
내가 색안경을 썼나 봐.
우리 냥이
귀염뽀짝행~

**관용어 읽고 따라 쓰기** 소리 내어 읽으며 예쁘게 따라 쓰세요.

색안경을 쓰다

**뜻 채우고 따라 쓰기** 소리 내어 읽으며 또박또박 따라 쓰세요.

좋지 않은 ☐☐이나 ☐☐☐을 품다.

# 88 첫 단추를 끼우다

뜻 새로운 일을 시작하다.

만화 읽고 관용어 배우기

월드컵 예선전
곧 경기 시작이네.
와
와! 이겼다!
와
첫 단추를 잘 끼웠으니 앞으로 승승장구할 거야.
2:0
근데 아빠…
첫 단추를 잘못 끼운 아빠는 승승장구 못 하겠네요.
치킨이나 먹자

**관용어 읽고 따라 쓰기** 소리 내어 읽으며 예쁘게 따라 쓰세요.

첫 단추를 끼우다

**뜻 채우고 따라 쓰기** 소리 내어 읽으며 또박또박 따라 쓰세요.

(　　　) 일을 (　　) 하다.

# 89 트집을 잡다

**뜻** 공연히 조그만 흠집을 들춰내거나 없는 흠집을 만들어 문제를 일으키다.

**만화 읽고 관용어 배우기**

네가 사기로 한 게임 '내가 마리오' 가져왔어.
어디 보자~
이게 뭐야? 케이스에 코딱지가 묻었잖아?
내가 마리오
나 코 안 파거든! 쓸데없는 트집 잡을 거면 사지 마!
탁
알았어~ 천 원 더 쳐줄게~ 나한테 팔아랑~
이런 게 흥정이지.

**관용어 읽고 따라 쓰기** 소리 내어 읽으며 예쁘게 따라 쓰세요.

트집을 잡다

**뜻 채우고 따라 쓰기** 소리 내어 읽으며 또박또박 따라 쓰세요.

공연히 조그만 ☐☐을 ☐☐☐☐☐ 없는 흠집을 만들어 문제를 일으키다.

# 90 허리띠를 졸라매다

뜻 검소한 생활을 하다.

만화 읽고 관용어 배우기

아이고~
이번 달도
적자네.
허리띠를
졸라매야겠어.
휴
들었지?
엄마가 한숨
안 쉬려면
우리도
허리띠를
졸라매야 해.
맞아.
허리띠를 졸라매야
하는데 마음에 드는
허리띠가 없네.
엄마한테
새것 사 달라고
하자.
엄마! 우리도
허리띠를 졸라맬
테니 허리띠 새로
사 주세요.
가만히 있는 게
돕는 거다.

관용어 읽고 따라 쓰기 소리 내어 읽으며 예쁘게 따라 쓰세요.

허리띠를 졸라매다

뜻 채우고 따라 쓰기 소리 내어 읽으며 또박또박 따라 쓰세요.

☐☐☐ 생활을 하다.

# 91 감투를 쓰다

뜻 벼슬자리나 높은 지위에 오르는 것을 속되게 이르는 말.

만화 읽고 관용어 배우기

이번 학기 회장은 산이다!
내가 회장이 되다니! 열심히 하겠습니다!
와
와~
당선
네가 회장이니까 이거 좀 옮겨!
물론이지! 난 회장이니까.
회장! 선생님이 부르셔!
으윽…
회장!
회장!
회장!
회장!
회장!
회장!
감투를 쓰는 건 쉬운 게 아니군.
귀에서 회장 소리가 맴돈다….
회장 오빠, 나 좀 도와줘~
회장 없어!!

관용어 읽고 따라 쓰기 소리 내어 읽으며 예쁘게 따라 쓰세요.

감투를 쓰다

뜻 채우고 따라 쓰기 소리 내어 읽으며 또박또박 따라 쓰세요.

[    ]나 높은 [  ]에 오르는 것을 속되게 이르는 말.

# 92 뜬구름 잡다

**뜻** 막연하거나 허황된 것을 좇다.

**만화 읽고 관용어 배우기**

너희는 어른이 되면 꼭 삼촌처럼 돼야 해!
왜?
삼촌 이제 겨우 취직했잖아.
지금은 비록 신입 사원이지만 곧 이 회사의 사장이 될 거고, 돈도 많이 벌어 멋진 차도 살 거야!
우아 진짜?
그러니까 커서 꼭 삼촌처럼 성공해야 해!
응!
뜬구름 잡는 소리 하지 말고 회사나 잘리지 마!
팍
엄마처럼 되는 게 낫겠다.

**관용어 읽고 따라 쓰기** 소리 내어 읽으며 예쁘게 따라 쓰세요.

뜬구름 잡다

**뜻 채우고 따라 쓰기** 소리 내어 읽으며 또박또박 따라 쓰세요.

□□하거나 □□된 것을 좇다.

# 93 물 만난 고기

**뜻** 어려움에서 벗어나 활동하기 좋은 판을 만난 처지.

**만화 읽고 관용어 배우기**

산아! 우리 코노 갈 건데 같이 가자!
나 노래 잘 못하는데….
내가 잘 부르니까 괜찮아.
못 부르면 잘 들어 주면 돼.
그치만….
벌써 열 곡째 부르고 있어.
다음 곡도 산이 노래야.
물 만난 고기가 따로 없네.

**관용어 읽고 따라 쓰기** 소리 내어 읽으며 예쁘게 따라 쓰세요.

물 만난 고기

**뜻 채우고 따라 쓰기** 소리 내어 읽으며 또박또박 따라 쓰세요.

어려움에서 [ ] 활동하기 좋은 [ ]을 만난 처지.

# 94 물불을 가리지 않다

뜻 위험이나 곤란을 고려하지 않고 막무가내로 행동하다.

만화 읽고 관용어 배우기

기다렷!
파밧
살려 줘요!
고… 고맙습니다!
짝짝
짝짝
짝짝
물불 안 가리고 뛰어드는 모습이 멋있었어.
아빠 최고!
훗~
멋있으면 용돈 좀 올려 주라~
하여튼! 조금만 방심하면 기어오른다니까!
엄마도 싸울 땐 물불 안 가리는구나….

**관용어 읽고 따라 쓰기** 소리 내어 읽으며 예쁘게 따라 쓰세요.

물불을 가리지 않다

**뜻 채우고 따라 쓰기** 소리 내어 읽으며 또박또박 따라 쓰세요.

위험이나 곤란을 (    )하지 않고 (    )로 행동하다.

# 95 불 보듯 뻔하다

**뜻** 앞으로 일어날 일이 의심할 여지가 없이 분명하다.

**만화 읽고 관용어 배우기**

딱 이것만 먹고, 내일부터 헬스 시작한다.
쩝 쩝
냠냠
왜 다들 반응이 없어?
쩝 쩝
냠냠
뭐 불 보듯 뻔하지. 다음 주 되면 이렇게 말할 테니까.
여보, 헬스는 아닌 것 같아!
거참 민망하구먼.

**관용어 읽고 따라 쓰기** 소리 내어 읽으며 예쁘게 따라 쓰세요.

불 보듯 뻔하다

**뜻 채우고 따라 쓰기** 소리 내어 읽으며 또박또박 따라 쓰세요.

앞으로 일어날 일이 ☐☐할 여지가 없이 ☐☐하다.

# 96 약이 오르다

**뜻** 비위가 상하여 언짢거나 은근히 화가 나다.

**만화 읽고 관용어 배우기**

솔아, 어딨니? 네가 너무 아담해서 안 보이네.
야! 기분 나빠!
어머~ 언니랑 동생이 사이가 좋구나!
친구예요!
엄마, 약 올라 죽겠어! 친구가 자기 키 크다고 막 자랑해.
걱정 마. 넌 친구보다 더 예쁘잖아.
속닥 속닥
그건 그래.

**관용어 읽고 따라 쓰기** 소리 내어 읽으며 예쁘게 따라 쓰세요.

약이 오르다

**뜻 채우고 따라 쓰기** 소리 내어 읽으며 또박또박 따라 쓰세요.

(　　)가 상하여 (　　　　) 은근히 화가 나다.

# 97 쥐도 새도 모르게

**뜻** 감쪽같이 행동하거나 처리하여 아무도 그 경위나 행방을 모르게.

**만화 읽고 관용어 배우기**

딩동!
초코파이 먹으려는데 누구야?!
앗! 내 초코파이!
누구야? 누가 먹었어?
내 초코파이 못 봤어? 쥐도 새도 모르게 사라졌어!
쥐도 새도 모르면 개는 알겠네.
루키 너---엇!

**관용어 읽고 따라 쓰기** 소리 내어 읽으며 예쁘게 따라 쓰세요.

쥐도 새도 모르게

**뜻 채우고 따라 쓰기** 소리 내어 읽으며 또박또박 따라 쓰세요.

( ) 행동하거나 처리하여 아무도 그 ( )나 행방을 모르게.

# 98 파리 날리다

**뜻** 영업이나 사업 따위가 잘 안되어 한가하다.

**만화 읽고 관용어 배우기**

우아! 별스타그램 팔로워가 만 명이 넘잖아?
웅성
쳇! 만 명. 그까짓 거~
웅성
부러워.
내가 귀찮아서 안 하니 그렇지. 별스타그램 하면 10만 명도 우스울걸!
이글 이글
산이 너 별스타그램 한다며? 팔로워 좀 늘었냐?
아니, 파리만 날려….
엥~
엥~
파리라도 붙으니 다행이네.

**관용어 읽고 따라 쓰기** 소리 내어 읽으며 예쁘게 따라 쓰세요.

파 리 날 리 다

**뜻 채우고 따라 쓰기** 소리 내어 읽으며 또박또박 따라 쓰세요.

영 업 이 나 [ ] 따 위 가
잘 안 되 어 [ ] 하 다 .

# 99 해가 서쪽에서 뜨다

**뜻** 전혀 예상 밖의 일이 벌어진 경우나 절대로 일어나지 않을 일.

**만화 읽고 관용어 배우기**

학교 다녀오겠습니다!
벌써?
웬일이래? 이렇게 일찍 학교를 가고. 오늘은 해가 서쪽에서 뜨겠네.
산아, 해는 어느 쪽에서 뜨지?
북
서
동
남
서쪽입니다!
진짜야! 엄마가 오늘은 해가 서쪽에서 뜬다고 했어!
깔깔
히히
산아, 너 어머니 좀 모시고 와야겠다.
멍청이.

**관용어 읽고 따라 쓰기** 소리 내어 읽으며 예쁘게 따라 쓰세요.

| 해 | 가 | | 서 | 쪽 | 에 | 서 | | 뜨 | 다 | | |
|---|---|---|---|---|---|---|---|---|---|---|---|
| | | | | | | | | | | | |
| | | | | | | | | | | | |

**뜻 채우고 따라 쓰기** 소리 내어 읽으며 또박또박 따라 쓰세요.

| 전 | 혀 | | | | | 밖 | 의 | | 일 | 이 | |
|---|---|---|---|---|---|---|---|---|---|---|---|
| 벌 | 어 | 진 | | 경 | 우 | 나 | | | | | |
| 일 | 어 | 나 | 지 | | 않 | 을 | | 일 | . | | |

# 100 가시가 돋다

**뜻** 공격할 의도나 불평불만이 있다.

**만화 읽고 관용어 배우기**

아! 짜증 나!
뿅!
오빠 뭐 해? 치킨 먹자~
뿅!
너나 먹어, 뚱땡아!
너무해.
왜 그렇게 말에 가시가 돋았어? 동생한테 그래도 돼?
솔아, 가시 돋게 말해서 미안해. 이거 줄게.
긁적
긁적
문상
칫! 문상만 주고 가시게~

**관용어 읽고 따라 쓰기** 소리 내어 읽으며 예쁘게 따라 쓰세요.

가시가 돋다

**뜻 채우고 따라 쓰기** 소리 내어 읽으며 또박또박 따라 쓰세요.

의도나 이 있다.

# 복습 퀴즈 1

다음 사다리를 타고 내려가 나온 상황이 관용어의 뜻과 맞으면 O표, 맞지 않으면 X표 하세요.

입에 침이 마르다
어깨가 무겁다
허리띠를 졸라매다
약이 오르다
우리 산이가 하루 종일 네 이야기만 한단다.
엄마! 친구가 자기 키 크다고 막 자랑하는데 얄미워 죽겠어.
동생
운동
공부
크윽, 5학년이 되니까 책임질 일이 점점 많아져….
아이고~ 이번 달도 적자네. 생활비를 줄여야겠어.
휴

# 복습 퀴즈 2

다음 빈칸에 들어갈 알맞은 말을 골라 관용어 뜻풀이를 완성해 보세요.

## 눈 깜짝할 사이

매우 ☐ 순간을 비유적으로 이르는 말.

①긴 ②짧은

## 나사가 풀리다

정신 상태가 ☐.

①해이하다 ②또렷하다

## 가시가 돋다

공격할 의도나 불평불만이 ☐.

①없다 ②있다

## 뒤통수를 맞다

☐ 사람에게 배신이나 배반을 당하다.

①믿었던 ②모르는

## 감투를 쓰다

☐ 지위에 오르는 것을 속되게 이르는 말.

①높은 ②낮은

## 국물도 없다

돌아오는 몫이나 이득이 ☐.

①매우 크다 ②전혀 없다

# 복습 퀴즈 3

다음 문장들을 선으로 알맞게 연결해 관용어를 완성해 보세요.

| 귀에 | 발등에 | 뜨거운 | 물불을 |
| --- | --- | --- | --- |
| 불이 | 딱지가 | 가리지 | 맛을 |
| 앉다 | 보다 | 않다 | 떨어지다 |

# 복습 퀴즈 4

다음 문제를 잘 읽어 보고, 정답을 말하는 친구를 골라 네모 칸에 O표 하세요.

① 좋지 않은 감정이나 선입관을 가진다는 뜻을 가진 관용어 'OOO을 쓰다'에서, OOO에 들어갈 말은 무엇인가요?

정답은 '물안경'이야.

정답은 '색안경'이야.

② '부끄러워 남을 대할 용기가 없다'라는 뜻을 가진 관용어는 무엇인가요?

정답은 '얼굴이 두껍다'야.

정답은 '면목이 없다'야.

③ '찬밥 더운밥 가리다'는 어떤 뜻을 가지고 있나요?

어려운 형편에 있으면서 배부른 행동을 한다는 뜻이야.

부유하지만 검소한 생활을 한다는 뜻이야.

④ 친구가 평소와 다른 행동을 해서 몹시 놀랐을 때 사용할 수 있는 관용어는 무엇인가요?

오늘은 해가 서쪽에서 떴나 봐!

불 보듯 뻔한 행동이야!

☆그래서 이런 말이 생겼대요☆

# 속담 + 관용어 따라쓰기 100

**초판 1쇄 발행** 2026년 1월 6일

**구성** 길벗교육콘텐츠연구소 | **그림** 이창우, 송진욱

**발행인** 이종원 | **발행처** (주)길벗스쿨 | **출판사 등록일** 2025년 5월 28일
**주소** 서울시 마포구 월드컵로 10길 56(서교동) | **대표전화** 02)332-0931 | **팩스** 02)322-3895
**홈페이지** school.gilbut.co.kr | **이메일** gilbut@gilbut.co.kr
**기획 및 책임편집** 김언수, 김진영 | **제작** 이준호, 손일순, 이진혁 | **마케팅** 양정길, 지하영, 김령희
**영업유통** 진창섭 | **영업관리** 정경화 | **독자지원** 윤정아
**CTP출력 및 인쇄** 교보피앤비 | **제본** 경문제책
**디자인** 양×호랭 DESIGN



ISBN 979-11-7467-085-4(73710) (길벗스쿨 도서번호 200493)